建筑工程投资控制与融资模式探索

吴晓鹏 著

中国商业出版社

图书在版编目（CIP）数据

建筑工程投资控制与融资模式探索 / 吴晓鹏著 . --
北京 : 中国商业出版社 , 2024.5
ISBN 978-7-5208-2930-4

Ⅰ . ①建… Ⅱ . ①吴… Ⅲ . ①建筑工程—基本建设投资—研究②建筑工程—融资模式—研究 Ⅳ . ① F283

中国国家版本馆 CIP 数据核字 (2024) 第 107445 号

责任编辑：袁娜

中国商业出版社出版发行
（www.zgsycb.com　100053　北京广安门内报国寺 1 号）
总编室：010-63180647　编辑室：010-83128926
发行部：010-83120835/8286
新华书店经销
天津和萱印刷有限公司印刷
*
710 毫米 ×1000 毫米　16 开　8.5 印张　140 千字
2024 年 5 月第 1 版　2024 年 5 月第 1 次印刷
定价：48.00 元
****

前言

随着政府职能的逐渐转变和投融资体制的改革，建筑工程项目融资逐渐在各地区兴起并受到各级政府，各行业投资者、研究者的关注和重视，并被广泛应用到土木工程、市政工程、交通运输工程等领域。由于此类项目具有建设周期长、风险大、投资需求高等特点，因此给项目的资金筹集带来了挑战。

本书是一本关于建筑工程投资控制与融资模式研究的书籍。全书首先对建筑工程投资控制的相关问题进行梳理和分析，包括建筑工程投资概述、建筑工程各阶段的投资控制等内容；然后对建筑工程融资模式探索及管理方面进行探讨，内容涵盖了工程项目融资与特许权、建筑工程项目融资的模式等。本书论述严谨，结构合理，条理清晰，能为当前建筑工程投资控制与融资模式相关理论的深入研究提供借鉴。

本书在创作过程中参考了相关领域诸多的著作、论文、教材等，引用了国内外部分文献和相关资料，在此一并对其作者表示诚挚的谢意。由于建筑工程投资及融资工作涉及的范畴比较广，需要探索的层面比较深，作者在撰写的过程中难免会存在一定的不足，对一些相关问题研究得不透彻，提出的优化及提升路径也有一定的局限性，恳请前辈、同行以及广大读者斧正。

目录

第一章　建筑工程投资概述

第一节　建筑工程投资与计价

一、投资

(一) 投资的概念

投资一般是指经济主体为获取经济效益而垫付货币或其他资源以用于某些事业的经济活动过程。

投资属于商品经济的范畴，投资活动作为一种经济活动，是随着社会化生产的出现以及社会经济和生产力的发展而逐渐产生和发展的。

在社会化大生产过程中，投资活动经历了一个发展、变更的过程，而投资作为资本价值的垫付行为也具有了不同形式。在资本主义发展初期，生产资料所有者与经营者尚未分离，投资者一般直接占有生产资料，因此多采用直接投资的方式，即经济主体将资金直接用于购建固定资产和流动资产，形成实物资产，即生产资料，用以生产产品，体现其使用价值和价值。

20世纪以来，随着社会生产力的高度发展，生产资料的占有权和使用权出现了分离，股份制经济的出现和发展，大大加快了分离的进程。

因此，目前投资的主要方式是间接投资，即投资者用资金去购买具有同等价值的金融商品，如购买企业发行的股票和公司债券，形成金融资产。随着生产力的进一步发展，世界经济一体化步伐加快，投资资金的流通已趋于国际化，投资主体通常为获取利润而投放资金于国内和国外，形成资金的国际大循环。

(二) 投资的种类

1. 按形成的资产性质划分

投资按其形成的资产性质不同，可以分为固定资产投资和流动资产投资。

固定资产投资指用于购置和建造固定资产的投资。固定资产指在社会再生产过程中，可供较长时间反复使用，使用年限在一年以上，单位价值在规定的限额以上，并在使用过程中基本上不改变其原有实物形态的劳动资料和物质资料，如建筑物、运输工具、机器设备、牲畜等。

固定资产投资按照再生产的性质和计划管理的要求，可分为基本建设投资、更新改造投资和其他固定资产投资。

固定资产投资按用途的不同可分为生产性建设投资和非生产性建设投资。生产性建设投资指直接用于物质生产或直接为物质生产服务的建设投资，包括农、林、运输、邮电、商业、仓储及建筑业建设等投资。非生产性建设投资指用于非物质生产部门及满足人民物质文化生活需要的投资，包括卫生、体育、文化、教育、公用事业、金融、保险等的投资。

流动资产投资即用于流动资产的投资。流动资产是指在企业的生产经营过程中经常改变其存在状态的资金运用项目，如工业企业的原材料、在产品、产成品，银行存款和库存现金等。流动资产投资主要包括储备资金、生产资金、产成品资金和货币资金等。

进行固定资产投资的同时，必须具备与其相配套的流动资金，二者之间客观上应有一个相对稳定的比例关系。一般来看，生产力水平和管理水平越高，流动资金占用的投资率越小。

2. 按投放途径或方式划分

投资按其投放途径或方式不同，可以分为直接投资和间接投资。

直接投资是将资金直接投入项目，形成固定资产和流动资产的投资，包括房地产投资，固定资产投资，生产存货投资，租赁、承包、实际经营投资，收藏品等实物投资。直接投资一般不经过金融中介，但需投资者亲自进行实物资产的经营管理，其特点是风险较小，流动性较差。

间接投资是指通过购买股票、债券及其他的特权票据所进行的投资，包括股票投资、债券投资、信托投资、期货投资、特权投资等。证券投资一般要通过金融中介，把资金由供方转移给需方，因此它表现为所有权的转移，并未使生产能力增加，也不需投资者从事实物资产的经营管理。其特点是流动性好，而风险较大。就社会整体而言，间接投资的重要作用是能够更广泛地聚集社会资金，用于社会化大生产，推动经济的发展。

3. 按资金来源划分

投资按其资金的来源不同，可以分为净投资和折旧再投资。

净投资是指资金来源于国民收入的那部分投资。它相当于国民收入积累额中用于增加固定资产和流动资产的部分。在扩大投资时，净投资是构成资金价值量的源泉，起着举足轻重的作用。

折旧再投资是指来源于固定资产补偿价值的那部分投资。它由生产过程中磨损的固定资产的转移价值构成。随着国民经济的发展，全社会固定资产拥有量逐渐增多，使得折旧再投资在整个固定资产投资中所占的份额日益增加，日益成为投资的重要来源。

4. 按时间长短划分

投资按其时间长短不同，可以分为长期投资和短期投资。

长期与短期的区分一般以一年为界，一年以上的投资称为长期投资；一年以下投资的称为短期投资。另有一种分法是在长期与短期投资之间再划出一段时期，即 1 ~ 5 年或 1 ~ 7 年期限的投资，称为中期投资；在 5 年或 7 年以上的投资，方称为长期投资。

5. 按效用划分

投资按其效用不同，可以分为积极投资和消极投资。

积极投资指用于购买机器设备等直接生产产品的生产资料的投资。这种投资旨在实现技术进步，提高生产效率，获得最大的经济效益，而较少考虑投资风险，一般被认为是主要的和效益最好的投资。这种投资不是为了分散投资风险，而是为了寻求那些价值特别高的投资手段。

消极投资指用于建设道路、厂房等非直接生产产品的生产资料的投资。这种投资的目的是寻求各种投资间的最佳组合，分散投资风险，而不以收益最大化为目标。虽然消极投资的投资结果与生产效率的提高无直接联系，但其仍是进行生产必不可少的辅助投资。

二、建筑工程投资

(一) 建筑工程投资的概念

建筑工程投资是指投资主体为获取预期收益，在选定的建筑工程上投入的全部资金。建筑工程投资按用途可分为生产性建筑工程投资和非生产性建筑工程投资。生产性建筑工程投资包括建设投资和流动资金投资两部分，非生产性建筑工程投资则只包括建设投资。

建设投资由设备及工器具购置费、建筑安装工程费、工程建设其他费用、预备费和建设期利息组成。以下简要介绍前三项。

设备及工器具购置费是指按照建筑工程设计文件要求，建设单位（或其委托单位）购置或自制达到固定资产标准的设备和新、扩建项目配置的首套工器具及生产家具所需的费用。设备及工器具购置费由设备原价、工器具原价和运杂费（包括设备成套服务费）组成，是固定资产投资中的积极部分。

建筑安装工程费是指建设单位用于建筑和安装工程方面的投资，由建筑工程费和安装工程费两部分组成。建筑工程费是指建筑工程涉及范围内的建筑物、构筑物、场地平整、道路、室外管道铺设、大型土石方工程的费用等。安装工程费是指主要生产、辅助生产、公用工程等单项工程中需要安装的机械设备、电气设备、专用设备、仪器仪表等的安装费和配件工程费以及工艺、供热、供水等各种管道、配件、闸门和供电外线的安装工程费用等。

工程建设其他费用是指未纳入设备及工器具购置费和建筑安装工程费的，根据设计文件要求和国家有关规定应由项目投资支付的，为保证工程建设顺利完成和交付使用后能够正常发挥效用而发生的一些费用。工程建设其他费用可分为三类：第一类是土地使用费，包括土地征用及迁移补偿费和土地使用权出让金；第二类是与项目建设有关的费用，包括建设单位管理费、勘察设计费、研究试验费等；第三类是与未来企业生产经营有关的费用，包括联合试运转费、生产准备费、办公和生活家具购置费等。

建设投资也可以分为静态投资部分和动态投资部分。静态投资部分由建筑安装工程费、设备及工器具购置费、工程建设其他费和基本预备费组成。动态投资部分是指在建设期内，由建设期利息和国家新批准的税费、汇率变动以及建设期价格变动引起的建设投资增加额，包括涨价预备费和建设期利息。

(二) 建筑工程投资的特点

1. 建筑工程投资数额巨大

建筑工程投资数额巨大，动辄上千万元乃至数亿元，关系到国家、行业或地区的重大经济利益，对国计民生也会产生重大的影响。这一点也说明了建筑工程投资管理的重要意义。

2. 建筑工程投资需单独计算

每项建筑工程都有专门的用途，其结构、面积、造型和装饰也不尽相同。即使用途相同的建筑工程，其技术水平、建筑等级和建筑标准也有所差别。建筑工程必须在结构、造型等方面适应工程所在地的气候、地质、水文等自然条件，这就使得建筑工程的实物形态千差万别。再加上不同地区构成投资费用的要素的差异，最终导致建筑工程投资的千差万别。因此，建筑工程只能通过特殊的程序（编制估算、概算、预算、合同价、结算价及最后确定竣工决算等）就每项工程单独计算其投资。

3. 建筑工程投资差异明显

每项建筑工程都有其特定的用途、功能、规模，其结构、空间分割、设备配置和内外装饰都有不同的要求，工程内容和实物形态都有其差异性。处于不同地区的同样工程在人工、材料、机械消耗上也有差异。

4. 建筑工程投资层次繁多

按国家规定，建筑工程项目有大、中、小型之分。凡是按照一个总体设计进行建设的各单项工程为一个建设项目。建设项目一般是一个企业（或联合企业）、事业单位或独立的工程项目。在建设项目中，凡是具有独立的设计文件、竣工后可以独立发挥生产能力或工程效益的工程为单项工程，也可将它理解为具有独立存在意义的完整的工程项目。各单项工程又可分解为多个能独立施工的单位工程。考虑到组成单位工程的各部分是由不同工人用不同工具和材料完成的，单位工程可以进一步分解为分部工程，然后还可以按照不同的施工方法、构造及规格，把分部工程更细致地分解为分项工程。分项工程是能用较为简单的施工过程生产出来的、可以用适量的计量单位计算，并便于测定或计算的工程基本构造要素，也是假定的建筑安装产品。建筑工程投资由单位工程投资、单项工程投资、分部工程投资、分项工程投资组成。

5. 建筑工程投资确定依据繁多复杂

建筑工程投资的确定依据繁多，关系复杂。在不同的建设阶段有不同的确定依据，且互为基础和指导，互相影响。如预算定额是概算定额（指标）编制的基础，概算定额（指标）是估算指标编制的基础；反过来，估算指标控制概算定额（指标）的水平，概算定额（指标）控制预算定额的水平。

6. 建筑工程投资需动态跟踪、调整

每项建筑工程从立项到竣工都有一个较长的建设期，在此期间可能会出现一些不可预料的变化因素对建筑工程投资产生影响，如工程设计变更，设备、材料、人工价格变化，国家利率、汇率调整，因不可抗力或因承包方、发包方造成的索赔事件等，必然会引起建筑工程投资的变动。所以，建筑工程投资在整个建设期内都是不确定的，需随时进行动态跟踪、调整，直至竣工决算后才能真正确定建筑工程投资额。

三、建筑工程造价

计价就是计算工程造价。建筑工程造价即建筑工程产品的价格。

工程造价有两层含义，第一层含义是指建设一项工程预期开支或实际开支的全部固定资产投资费用。其中包括设备及工器具购置费、建筑安装工程费、工程建设其他费用、预备费、建设期贷款利息和固定资产投资方向调节税费用。第二层含义是从发承包的角度来定义，工程造价就是工程发承包价格，对于发包方和承包方来说，就是工程发承包范围以内的建造价格。例如，建设项目总发承包有建设项目工程造价，某单项工程建设任务的发承包有该单项工程的造价，某项工程二次装饰分包有工程造价等。

（一）工程造价计价的特点

1. 单件计价

每个工程项目都有特定的目的和用途，有独特的结构、造型和装饰，产生不同的建筑面积和体积，而且建设施工时还可采用不同的工艺设备、建筑材料和施工工艺方案，因此每个项目一般只能单独设计、单独建设。即使是相同用途和相同规模的同类项目，由于技术水平、建筑等级和建筑标准的差别以及地区条件和自然环境与风俗习惯的不同，其工程造价也有很大差别。因此，建筑工程不能像工业产品那样按品种、规格和质量成批计价，只能是单件计价；不能由国家、地方、企业规定统一的造价，只能按各个项目规定的建设程序计算工程造价。建筑产品的个体差别性决定了每项工程都必须单独计算造价。

2. 多次计价

建筑工程的生产过程是一个周期长、规模大、造价高、物耗多的投资生产活动，只有按照规定的建设程序分阶段进行建设，才能按时、保质、有效地完成。为了适应项目管理的要求，适应工程造价控制和管理的要求，需要按照建设程序中各个规划设计和建设阶段进行计价。从投资估算、设计概算、施工图预算等预期造价到承包合同价、结算价再到最后的竣工决算价，这是一个由粗到细、由浅入深，最后确定建筑工程实际造价的计价过程，是一个逐步深化、逐步细化和逐步接近实际造价的过程。

3. 按工程构成的分部组合计价

工程造价的计算是分部组合而成的，这一特征与建设项目的组合性有关。按照国家规定，建设项目根据投资规模大小可划分为大、中、小型项目，而每一个建设项目又可按其生产能力和工程效益的发挥，以及设计施工范围逐级分解为单位工程、单项工程、分部工程和分项工程。建设项目的组合性决定了工程造价的过程是一个逐步组合的过程。在确定建设工程项目的设计概算和施工图预算时，需按构成工程的分部组合由下而上地计价，即先计算各单位工程的概（预）算，再计算各单项工程的综合概（预）算，再汇总成建设项目的总概（预）算。单位工程的工程量和施工图预算一般是按分部工程、分项工程采用相应的定额单价、费用标准进行计算。这就是将建筑工程由大到小进行逐级分解，再由小到大逐步组合计算出总的工程造价。其计算过程和计算顺序是：分部分项工程单价→单位工程造价→单项工程造价→建筑工程总造价。

(二) 工程造价多次计价的依据和作用

在编制项目建议书和可行性研究报告时，确定项目的投资估算，一般可按规定的投资估算指标、类似工程的造价资料、现行的设备材料价格并结合工程实际情况进行估算。在此阶段预计和核定的工程预期造价称为估算造价。

投资估算是判断项目可行性和进行项目决策的重要依据之一，并作为工程造价的目标限额控制初步设计概算和整个工程造价的限额，也是编制投资计划、资金筹措和申请贷款的依据。

在初步设计阶段，总承包设计单位要根据初步设计的总体布局、各单项工程的主要结构和设备清单，采用有关概算定额或概算指标和费用标准等编制建筑工程的设计总概算。它包括项目从筹建到竣工验收的全部建设费用。初步设计阶段的总概算（或技术设计阶段因设计变更编制的修正总概算）所预计和核定的建筑工程预期造价称为概算造价。

经过批准的设计总概算是建筑工程造价控制的最高限制（或修正总概算是建筑工程修正总投资的最高限额），不得超过已批准的可行性研究报告投资估算的 10%，否则应重新报批。它是确定建筑工程总造价，签订建筑工程项目承包总合同和贷款总合同的依据，也是控制施工图预算及考核设计经济合理性的依据。

在建筑安装工程开工前的施工图设计阶段，由设计单位根据施工图确定的工程量，套用有关预算定额单价、取费率和计划利润率等编制施工图预算。在这个阶段所预计和核定的建筑工程预期造价称为预算造价。

在签订建设项目承包和采购合同（如工程项目总承包合同、建筑安装工程承包合同和设备材料采购合同）以及技术和咨询服务合同时，需要对设备材料价格发展趋势进行分析和预测，并通过招标投标，由发包和承包两方共同确定工程项目的合同价。它是由发包方按规定（或协议条款约定）的各种取费标准计算的，用以支付承包方完成合同规定的全部工程内容的价款总额，并作为双方结算的基础。合同价为市场价格，是由发包方和承包方根据市场行情共同议定的成交价格。

四、建筑工程造价的影响因素及计价方法

建筑工程计价的形式和方法多种多样，各不相同，但计价的基本过程和原理是相同的。

(一) 影响工程造价的因素

影响工程造价的主要因素有两个，即基本构造要素的单位价格和基本构造要素的实物工程量，可用下列基本计算式表达。

工程造价 = (实物工程量 × 单位价格)

基本子项的单位价格越高，工程造价越高；基本子项的实物工程量越大，工程造价越高。在进行工程造价计价时，实物工程量的计量单位是由单位价格的计量单位决定的。如果单位价格计量单位的对象取得较大，得到的工程估算就较粗略；反之工程估算则会较细、较准确。基本子项的实物工程量可以通过工程量计算规则和设计图纸计算获得，它可以直接反映建筑工程项目的规模和内容。

(二) 计价方法

由于建筑产品价格的特殊性，与一般工业产品价格的计价方法相比，工程造价采用特殊的计价方法，即定额计价法和工程量清单计价法。

1. 定额计价法

定额计价法又称施工图预算法，是我国在计划经济时期及计划经济向市场经济转型时期所采用的行之有效的计价方法。

定额计价法中的分部分项工程费属于不完全价格，只包括人工费、材料费和机械台班使用费。定额计价法有单位估价法和实物估价法两种形式。

(1) 单位估价法。单位估价法是依据国家或地方颁布的统一预算定额规定的消耗量及其单价以及配套的取费标准和材料预算价格，根据施工图纸计算出相应的工程数量，套用相应的定额单价计算出定额分部分项工程费，再在分部分项工程费的基础上计算各种相关费用及利润和税金，最后汇总形成工程造价。用公式表示为:

建筑工程造价 =[（工程量 × 定额单价）×（1+ 各种费用的费率 + 利润率）]×（1+ 税金率）

装饰安装工程造价 =[（工程量 × 定额单价）+（工程量 × 定额人工费单价）×（1+ 各种费用的费率 + 利润率）]×（1+ 税金率）

（2）实物估价法。实物估价法是先根据施工图纸计算工程量，然后套用基础定额，计算人工、材料和机械台班消耗量，将所有的分部分项工程资源消耗量进行归类汇总，再根据当时、当地的人工、材料、机械单价，计算并汇总人工费、材料费、机械使用费，得出分部分项工程费。最后，在此基础上计算企业管理费、规费、利润和税金，将所有费用汇总即可得到工程造价。

预算定额是由国家或地方统一颁布的，并被视为地方经济法规而必须严格遵照执行的计价方法。一般来说，计算依据相同，只要不出现计算错误，其计算结果是相同的。

按定额计价法确定建筑工程造价，由于有预算定额规范消耗量，有各种文件规定人工、材料、机械单价及各种取费标准，在一定程度上防止了高估冒算和压级压价，体现了工程造价的规范性、统一性和合理性。但对市场竞争起到了抑制作用，不利于促进施工企业改进技术、加强管理、提高劳动效率和市场竞争力，因此，出现了另一种计价方法——工程量清单计价法。

2. 工程量清单计价法

工程量清单计价法是我国提出的一种与市场经济相适应的投标报价方法。这种计价法是国家统一项目编码、项目名称、计量单位和工程量计算规则（“四统一”），由各施工企业在投标报价时根据企业自身的技术装备、施工经验、企业成本、企业定额、管理水平、企业竞争目的及竞争对手情况自主填报单价并进行报价的方法。

工程量清单计价法的实施，实质上是建立了一种强有力且行之有效的竞争机制，由于施工企业在投标竞争中必须报出合理低价才能中标，所以对促进施工企业改进技术、加强管理、提高劳动效率和市场竞争力起到了积极的推动作用。

工程量清单计价法是在各相应专业工程计量规范规定的工程量清单项目设置和工程量计算规则基础上，针对具体工程的施工图纸和施工组织设计计算出各个清单项目的工程量，根据规定的方法计算出综合单价，并汇总各清单合价得出工程总价。即：

(1) 分部分项工程费 = ∑(分部分项工程量 × 相应分部分项综合单价)

(2) 措施项目费 = ∑ 各措施项目费

(3) 其他项目费 = 暂列金额 + 暂估价 + 计日工 + 总承包服务费

(4) 单位工程报价 = 分部分项工程费 + 措施项目费 + 其他项目费 + 规费 + 税金

(5) 单项工程报价 = ∑ 单位工程报价

(6) 建设项目总报价 = ∑ 单项工程报价

公式中，综合单价是指完成一个规定清单项目所需的人工费、材料和工程设备费、施工机具使用费和企业管理费、利润，以及一定范围内的风险费用。

第二节　建筑工程投资的构成

一、基本建设的概念

基本建设是指固定资产的建设，即建筑、安装和购置固定资产的活动及与之相关的工作。

按照我国现行规定，凡利用国家预算内基建拨改贷、自筹资金、国内外基建信贷以及其他专项资金进行的，以扩大生产能力或新增工程效益为目的的新、扩建工程及有关工作，均属于基本建设。

基本建设包括以下几个方面的内容。

(1) 建筑安装工程。它是基本建设的重要组成部分，是建设单位通过勘测、设计、施工等生产性活动创造的建筑产品，包括建筑工程和安装工程两个部分。建筑工程包括各种建筑物和房屋的修建、金属结构的安装、安装设备的基础建造等工作。安装工程包括生产、动力、起重、运输、输配电等各种机电设备的装配、安装、试车等工作。

(2) 设备工器具的购置。它是指由建设单位因建设项目的需要向制造行业采购或自制达到固定资产标准的机电设备、工具、器具等的工作。

(3) 其他基本建设工作。它是指不属于上述两项的基本建设工作，如勘测、设计、科学试验、淹没及迁移赔偿、水库清理、施工队伍转移、生产准备等工作。

基本建设可以为国民经济各个部门提供大量新增的固定资产和生产能力，为社会扩大再生产提供物质技术基础。基本建设能对现有企业进行更新和改造，可以用先进的技术装备武装国民经济各个部门，逐步实现国民经济现代化。基本建设还可以提供更多更好的物质文化生活、福利设施和住宅，丰富和提高人民物质文化生活水平。因此，有计划地进行基本建设，对于促进国民经济稳步、健康、持续地发展，提高人民物质文化生活水平，具有非常重要的战略意义。

二、基本建设的分类

为了加强基本建设管理，正确地评估和考核基本建设的工作业绩，更好地控制和调节基本建设的规模，应对基本建设采用不同的方法进行分类。

(一) 按建设项目性质分类

基本建设是由一个个基本建设项目（简称建设项目）组成的。所谓建设项目是指按照一个总体设计进行施工，由若干个单项工程组成，经济上实行统一核算，行政上实行统一管理的基本建设单位。例如，一个工厂、一座水库、一座水电站、一个引水工程、一个农场、一家医院、一所学校或其他独立的工程都是建设项目。建设项目按其性质又可分为新建、扩建、改建、恢复和迁建项目。

(1) 新建项目，指从无到有，新开始建设的项目。原有的规模很小，经扩大建设后，其新增的固定资产价值超过原有固定资产价值的三倍以上的，也算作新建项目。新建项目对国民经济的发展，尤其是对新兴工业部门的建立具有重要作用。

(2) 扩建项目，指现有企业、事业和行政单位为扩大原有产品的生产能力（效益），或为增加新的产品生产能力，而增建主要生产车间（工程）的项目。扩建项目具有投资少、工期短、收效快的优点。

(3) 改建项目，指现有企业、事业单位为提高生产效益，提高产品质量或改变产品方向，对原有设施、工艺进行技术改造的项目。为平衡生产能力而增建一些辅助、附属车间的项目，也属于改建项目。改建多数情况下是和改革工艺、采用新技术、进行技术改造相结合来进行的，这是挖掘生产潜力的一项重要措施。

(4) 恢复项目，指因为地震、水灾等自然灾害，企业、事业单位原有固定资产全部或部分报废以后又按原有规模重新建立并恢复起来的项目。这类项目无论是按原有规模恢复建设，还是在恢复的同时进行扩建，都算恢复项目。但是尚未建成投产或交付使用的项目，在遭灾被毁后，继续按原设计重建的，则原建设性质不变；如按新设计重建的，则根据新建设内容确定其建设性质。

(5) 迁建项目，指现有企业、事业单位由于改变生产布局或环境保护和安全生产以及其他特殊需要，搬迁到其他地方进行建设的项目。移地建设，无论其建设规模大小，都属于迁建项目。

基本建设项目按照建设性质分为上述五类。一个建设项目只能有一种性质，在项目按总体设计全部建成之前，其建设性质是始终不变的。新建项目在完成原总体设计之后再进行扩建或改建的，则成为另一个扩建或改建项目。

(二) 按工程用途分类

按工程的不同用途，基本建设可分为生产性建设和非生产性建设两大类。

(1) 生产性建设，指直接用于物质生产和直接为物质生产服务的建设，如工业建设、水利建设、运输建设、商业和物资供应建设等。

(2) 非生产性建设，指为满足人民物质和精神生活及福利需要的建设，如住宅建设、文教卫生建设、公用事业建设等。

一个国家的建设事业是否能持久、稳步地进行，取决于生产性建设与非生产性建设的辩证关系。正确安排物质生产与非物质生产投资比例，关系到协调经济建设与文化建设、生产与生活的关系。此比例即通常所说的“骨头”与“肉”的关系。一般来说，物质生产性固定资产投资的比例应大于非物质生产性固定资产投资的比例。根据我国的历史经验，二者比例控制在

2∶1，较为合适。

（三）按资金来源分类

按资金来源的不同，可以将建设项目分为国家投资项目、自筹建设项目、外资项目、贷款项目。

（1）国家投资项目，指国家预算内直接安排的建设项目。

（2）自筹建设项目，指国家预算以外的投资项目。自筹建设项目又可分为地方自筹项目和企业自筹项目。

（3）外资项目，指由国外资金投资的建设项目。

（4）贷款项目，指资金来源于银行贷款的建设项目。

三、基本建设项目的层次划分

根据建筑工程管理和确定工程造价的需要，基本建设项目分为建设项目、单项工程、单位工程、分部工程和分项工程五个基本层次。

（一）建设项目

建设项目是指有经过有关部门批准的立项文件和设计任务书，经济上实行独立核算，行政上具有独立的组织形式并实行统一管理的工程项目。通常认为，一个建设单位就是一个建设项目，建设项目的名称一般以这个建设单位的名称来命名。例如，某化工厂、某装配厂、某制造厂等工业建设，某农场、某度假村、某电信城等民用建设均是建设项目，均由项目法人单位实行统一管理。

（二）单项工程

单项工程是指具有独立的设计文件，竣工后可以独立发挥生产能力并能产生经济效益或效能的工程，是建设项目的组成部分。如一个工厂的车间、办公楼、宿舍、食堂，一个学校的教学楼、办公楼、实验楼、学生公寓等均属于单项工程。

(三)单位工程

单位工程是指竣工后不能独立发挥生产能力或使用效益，但具有独立的施工图纸，可独立组织施工的工程。如土建工程(包括建筑物、构筑物)、电气安装工程(包括动力、照明等)、工业管道工程(包括蒸汽、压缩空气、煤气等)、暖卫工程(包括采暖、上下水等)、通风工程和电梯工程等。一个单位工程由多个分部工程构成。

(四)分部工程

分部工程是指按工程的工程部位或工种不同进行划分的工程项目。如建筑工程这个单位工程包括土石方工程、桩与地基基础工程、砌筑工程、混凝土及钢筋混凝土工程、厂库房大门特种门木结构工程、金属结构工程、屋面及防水工程等多个分部工程。

(五)分项工程

分项工程是指单独经过一定的施工工序就能够完成，并且可以采用适当计量单位计算的建筑或设备安装工程。如混凝土及钢筋混凝土这个分部工程中的带型基础、独立基础、满堂基础、设备基础、矩形柱、异形柱等均属于分项工程。

分项工程是工程量计算的基本元素，是工程项目划分的基本单位，所以工程量均按分项工程计算。

四、我国现行投资构成

建设项目投资含固定资产投资和流动资产投资两个部分，建设项目总投资中的固定资产投资与建设项目的工程造价在量上相等。工程造价的构成按工程项目建设过程中各类费用支出或花费的性质、途径等来确定，是通过费用划分和汇集所形成的工程造价费用分解结构。在工程造价的基本构成中，既包括购买工程项目所需各种设备的费用、建筑施工和安装施工所需支出的费用、委托工程勘察设计应支付的费用、购置土地所需的费用，也包括建设单位自身进行项目筹建和项目管理的费用等。总之，工程造价是工程项目按照确定的建设内容、建设规模、建设标准、功能要求和使用要求等全部建成，并验收合格交付使用所需的全部费用。

我国现行工程造价的构成主要划分为设备及工器具购置费用、建筑安装工程费用、工程建设其他费用、预备费、建设期贷款利息、固定资产投资方向调节税等几项。具体构成内容如图 1-1 所示。

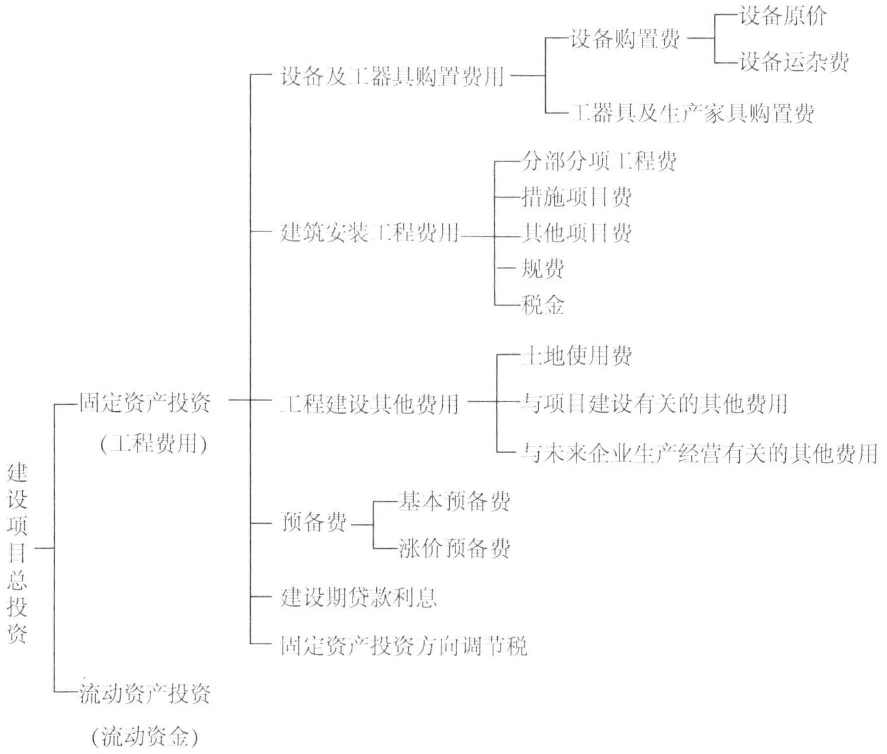

图 1-1　我国现行工程造价的构成

五、世界银行建筑工程投资构成

20 世纪 70 年代，世界银行、国际咨询工程师联合会对项目的总建设成本（相当于我国的建筑工程总投资）作了统一规定，其详细内容如下。

（一）项目直接建设成本

（1）土地征购费。

（2）场外设施费用，如道路、码头、桥梁、机场、输电线路等设施费用。

(3) 场地费用，指用于场地准备、厂区道路、铁路、围栏、场内设施等的建设费用。

(4) 工艺设备费，指主要设备、辅助设备及零配件的购置费用，包括海运包装费用、交货港离岸价，但不包括税金。

(5) 设备安装费，指设备供应商的监理费用，本国劳务及工资费用，辅助材料、施工设备、消耗品和工具等费用以及安装承包商的管理费和利润等。

(6) 管理系统费用，指与系统的材料及劳务相关的全部费用。

(7) 电气设备费，其内容与第 (4) 项相同。

(8) 电气安装费，指设备供应商的监理费用，本国劳务及工资费用，辅助材料、电缆、管道和工具费用以及营造承包商的管理费和利润。

(9) 仪器仪表费，指所有自动仪表、控制板、配线和辅助材料的费用以及供应商的监理费用，外国及本国劳务及工资费用，承包商的管理费和利润。

(10) 机械的绝缘和油漆费，指与机械及管道的绝缘和油漆相关的全部费用。

(11) 工艺建筑费，指原材料、劳务费以及与基础、建筑结构、屋顶、内外装修、公共设施有关的全部费用。

(12) 服务性建筑费，其内容与第 (11) 项相似。

(13) 工厂普通公共设施费，包括材料和劳务费以及与供水、燃料供应、通风、蒸汽、下水道、污物处理等公共设施有关的费用。

(14) 其他当地费用，指那些不能归类于以上任何一个项目，不能计入项目间接成本，但在建设期间又是必不可少的当地费用。如临时设备、临时公共设施及场地的维持费，营地设施及其管理，建筑保险和债券，杂项开支等费用。

(二) 项目间接建设成本

项目间接建设成本包括以下几个方面。

1. 项目管理费

项目管理费包括如下四个方面的内容。

(1) 总部人员的薪金和福利费以及用于初步和详细工程设计、采购、时间和成本控制、行政和其他一般管理的费用。

(2) 施工管理现场人员的薪金、福利费和用于施工现场监督、质量保证、现场采购、时间及成本控制、行政及其他施工管理机构的费用。

(3) 零星杂项费用，如返工、差旅、生活津贴、业务支出等费用。

(4) 各种酬金。

2. 开工试车费

它包括工厂投料试车必需的劳务和材料费用 (项目直接成本包括项目完工后的试车和空运转费用)。

3. 业主的行政性费用

它包括业主的项目管理人员费用及支出 (其中某些费用必须排除在外，并在“估算基础”中详细说明)。

4. 生产前费用

它包括前期研究、勘测、建矿、采矿等费用 (其中某些费用必须排除在外，并在“估算基础”中详细说明)。

5. 运费和保险费

它包括海运、国内运输、许可证及佣金、海洋保险、综合保险等费用。

6. 地方税

它包括指关税、地方税及对特殊项目征收的税金。

(三) 应急费用

应急费用包括以下两种准备金。

1. 未明确项目准备金

此项准备金用于在估算时不能明确的潜在项目，包括那些成本估算时因为缺乏完整、准确和详细的资料，而不能完全预见和不能注明的项目，并且这些项目是必须完成的，或它们的费用是必定要发生的，因此在每一个组成部分中均单独以一定的百分比确定，并作为估算的一个项目单独列出。此项准备金不是为了支付工作范围以外可能增加的项目，也不是用来应付天灾、非正常经济情况及罢工等情况，更不是用来补偿估算的任何误差，而是用来支付那些肯定要发生的费用。因此，未明确项目准备金是估算中不可缺少的一个组成部分。

2. 不可预见准备金

此项准备金（在“未明确项目准备金”之外）适用于在估算达到了一定的完整性并符合技术标准的基础上，由于社会和经济的变化，估算增加的情况。此种情况可能发生，也可能不发生，因此，不可预见准备金只是一种储备，可能不动用。

（四）建设成本上升费用

通常估算中使用的工资率、材料和设备价格的截止日期就是“估算日期”。必须对该日期或已知成本基础进行调整，以补偿直至工程结束时的未知价格增长。工程的各个主要组成部分（国内劳务和相关成本、本国材料、外国材料、本国设备、外国设备、项目管理机构）的细目划分确定以后，便可确定每一个主要组成部分的增长率。这个增长率是一项判断因素，它以已发表的国内和国际成本指数、公司记录等为依据，并与实际供应进行核对，然后根据确定的增长率和从工程进度表中获得的每项活动的中点值，计算出每项主要组成部分的成本上升值。

第三节 建筑工程的投资控制

一、建筑工程投资控制的含义

建筑工程投资控制是指投资控制机构和控制人员为了使项目投资取得最佳的经济效益，在投资全过程中所进行的计划、组织、控制、监督、激励、惩戒等一系列活动。

对建设项目投资进行有效的控制是建筑工程管理的重要组成部分，它包括在投资决策阶段、设计阶段、发包阶段和实施阶段的控制；把建设项目投资控制在批准的投资限额以内，随时纠正发生的偏差，确保项目投资控制目标的实现，以求能合理地使用人力、物力、财力，取得较好的投资效益和社会效益。

进行投资控制，首先要有相应的投资控制机构和控制人员。我国的投资控制机构和控制人员包括：各级计划部门的投资控制机构及其工作人员；银行系统，尤其是建设银行系统及其工作人员；建设单位的投资控制人员。

实行建设监理制度以后，社会监理单位受建设单位的委托，可对工程项目的建设过程进行包括投资控制在内的监理，承担建设单位的投资控制人员的一部分工作。由于社会监理单位是代表建设单位进行工作的，故可把监理工程师包括在建设单位的投资控制人员之列。

二、建筑工程投资控制发展简史

人们对工程投资控制的认识是随着生产力和商品经济的发展，以及现代科学管理的发展而不断加深的。

资本主义社会化大生产的发展，使共同劳动的规模日益扩大，劳动分工和协作越来越细、越来越复杂，因而对工程项目各种投入的管理也变得日益重要起来。以英国为例，工程项目投资控制经历了以下几个阶段。

（一）第一阶段（事后算账）

第一阶段指16—18世纪。在这个时期，随着设计和施工分离并各自形成一个专业领域后，工匠需要有人帮助他们对已完成的工程量进行测量和作价，以确定应得的报酬，这些人被称为测量师（Quantity Surveyor，QS）。这时的测量师是在工程设计和工程完工之后才去量土方的长度、宽度、高度以及测量砖砌了多少方等，然后计算工程量和估算工程投资，并以工匠小组的名义与工程委托人和建筑师进行洽商。

（二）第二阶段（事前算账）

第二阶段指19世纪初至20世纪40年代。从19世纪初期开始，资本主义国家在工程建设中开始推行招标承包制。为了使招标者能编制标底及投标者能够报价，要求测量师要在工程设计以后和开工以前就进行测量和估价。从此，项目投资控制逐渐成为独立的专业，也因而完成了工程项目投资控制的第一次飞跃。此时，工程委托人能够在工程开工之前，预先了解到需要支付的投资额，但还不能在设计阶段就对工程项目所需的投资进行准确预计，并对设计进行有效的监督控制。

（三）第三阶段（过程控制）

第三阶段的出现是为了解决第二阶段存在的问题。从20世纪40年代开始，投资计划和控制制度在英国等商品经济发达国家应运而生。工程项目投资管理自此进入第三阶段，也同时完成了它的第二次飞跃。随着资本主义商品经济的发展，工程项目投资控制专业日臻完善。现阶段的工程项目投资控制具有如下特点。

1. 从事后算账发展到事前算账

从最初只是消极地反映已完成工程量的价格，逐步发展到在开工前进行工程量的计算和估价，进而发展到在进行初步设计时提出概算，在进行可行性研究时提出投资估算，这些都成了业主做投资决策的重要依据。

2. 从被动地反映设计和施工到能动地影响设计和施工

工程项目投资控制从最初负责施工阶段工程投资的确定和结算，逐步发展到在设计阶段、投资决策阶段对工程投资作出预测，并对设计和施工过程中投资的支出进行监督和控制，从而实现工程项目建设全过程的投资管理。

3. 从依附于施工者或建筑师发展成为一个独立的专业领域

随着社会的发展，现代工程项目的内涵比传统工程项目的内涵有了更加鲜明的特色。由于其工程规模越来越大，涉及因素众多，后果影响重大且深远，结构复杂，建设周期长且投资额大，风险大，以及受到社会、政治、经济、技术、自然资源等众多因素的制约，工程项目投资控制工作也更加困难。目前，如何真正地搞好工程项目投资控制工作，是全世界普遍面临的一个难题。

随着我国建设领域改革的不断深入，国外一些先进的项目管理经验和方法也被不断引入我国工程项目投资控制工作中，如现在推行的按照国际惯例建立的具有中国特色的建设监理制度，正是我国建设领域迈出的关键一步，势必对我国工程项目投资控制工作起到良好的促进作用。

三、建筑工程投资控制的目标设置

为了确保投资目标的实现，需要对投资进行控制。投资目标的设置应有充分的科学依据，既要有先进性，又要有实现的可能性。如果控制目标的水平过高，就意味着投资留有一定量的缺口，虽经努力也无法实现，投资控制也就会失去指导工作、改进工作的意义，成为空谈；如果控制目标的水平过低，就意味着项目高估冒算，建设者不需努力即可达到目的，不仅浪费了资金，而且对建设者也失去了激励的作用，投资控制也形同虚设。

进行工程项目投资控制，必须有明确的控制目标。这个目标就是实现投资的最佳经济效益。要实现这一目标，就必须对工程项目的所有投资进行系统科学的管理。不仅要注重对工程项目的固定资产投资的控制，还要注重对流动资金投资的控制；不仅要注重建设阶段的投资控制，还要注重工程项目营运阶段及报废阶段的投资控制。只有这样，才能把工程项目投资控制工作做好。

由于工程项目的建设周期长，变化因素多，建设者对工程项目的认识过程是一个由粗到细、由表及里、逐步深化的过程，因此，投资目标随着设计阶段的变化而逐步深入、细化，投资控制目标也是分阶段设置的，随着工程设计的深入，目标会越来越清晰，越来越准确。如投资估算是设计方案选择和初步设计时的投资控制目标，设计概算是进行技术设计和施工图设计时的投资控制目标，设计预算或建筑工程施工合同的合同价是施工阶段投资控制目标，它们共同组成工程项目投资控制的目标系统。

四、建筑工程投资控制原理

（一）投资控制的动态原理

监理工程师对投资的控制应开始于设计阶段，并贯穿工程实施的全过程。工程项目投资控制的关键在于施工以前的决策阶段和设计阶段，而在投资决策以后，设计阶段（包括初步设计、技术设计和施工图设计）就成为控制项目投资的关键。监理工程师应对设计方案进行审核和费用估算，将估算费用与控制投资额进行比较，并提出是否对设计方案进行修改的建议。

同时，监理工程师还应对施工现场和环境进行踏勘，对施工单位的水平和各种资源情况进行调查，以便对设计方案的某些方面进行优化，提出意见，节约投资。

在施工阶段，投资控制主要是通过审核施工图预算，不间断地监测施工过程中各种费用的实际支出情况，并与各个分部工程、分项工程的预算进行比较，从而判断工程的实际费用是否偏离了控制的目标值，或有无偏离控制目标值的趋势，以便尽早采取措施予以纠正。

(二) 投资控制的手段与措施

1. 投资控制的手段

进行工程项目投资控制，必须有明确的控制手段。常用的手段有如下几种。

(1) 计划与决策。计划作为投资控制的手段，是指在充分掌握信息资料的基础上，把握未来的投资前景，正确制定投资目标，制订完成目标的最佳方案，合理安排投资资金，以争取最大的投资效益。决策这一管理手段与计划密不可分。决策是在调查研究的基础上，对某方案的可行与否作出判断，或在多个方案中作出某项选择。

(2) 组织与指挥。组织可从两个方面来理解：一是控制的组织机构设置，二是控制的组织活动。组织手段包括如下内容：控制制度的确立，控制机构的设置，控制人员的选配，控制环节的确定，责权利的合理划分及管理活动的组织等。充分发挥投资控制的组织手段，能够使整个投资活动形成一个内在联系的有机整体。指挥与组织紧密相连，有组织就必须有相应的指挥。指挥就是上级组织或领导对下属的活动进行的布置安排、检查调度、指示引导，以使下属的活动沿着一定的轨道通向预定的目标。指挥是保证投资活动取得成效的重要条件。

(3) 调节与控制。调节是指投资控制机构和控制人员对投资过程中出现的新情况做出的适应性反应。控制是指控制机构和控制人员为了实现预期的目标，对投资过程进行的疏导和约束。调节和控制是投资控制的重要手段。

(4) 监督与考核。监督是指投资控制人员对投资过程进行的监察和督促。考核是指投资控制人员对投资过程和投资结果所做的分析比较。通过对投资过程的监督与考核，可以进一步提高投资的经济效益。

(5) 激励与惩戒。激励是指用物质利益和精神鼓励调动人的积极性和主动性。惩戒则是对失职者或有不良行为的人进行的惩罚教育，其目的在于增强人们的责任心，以确保计划目标的实现。激励和惩戒二者结合起来使用，对投资效益的提高有极大的促进作用。

上述五种控制手段是相互联系、相互制约的。在工程项目投资控制活动中，只有各种手段协调一致发挥作用，才能有效地管理投资活动。

2. 投资控制的措施

在工程项目建设过程中，将投资控制目标值与实际值进行比较，以及当实际值偏离目标值时，分析偏离产生的原因并采取纠偏的措施和对策，仅仅是投资控制的一部分工作。要想更加有效地控制项目的投资，还必须从项目组织、技术、经济、合同与信息管理等多方面采取措施。项目组织上的措施，包括明确项目组织结构，明确项目投资控制者及其任务，以使项目投资控制有专人负责，明确管理职能分工；技术上的措施，包括重视设计多方案选择，严格审查监督初步设计、技术设计、施工图设计、施工组织设计，深入技术领域研究节约投资的可能性；经济上的措施，包括动态地比较项目投资的实际值和计划值，严格审核各项费用支出，采取节约投资的奖励措施等。

技术与经济相结合是控制工程项目投资最有效的手段。在工程建设过程中要使技术与经济有机结合，通过技术比较、经济分析和效果评价，正确处理技术先进与经济合理两者之间的对立统一关系，力求做到技术先进条件下的经济合理，或者经济合理基础上的技术先进，把控制工程项目投资观念渗透到工程建设的各个阶段。

（三）关于建筑工程项目投资控制的几个问题

1. 工程项目投资控制离不开宏观环境

尽管我们研究的是一个具体的工程项目投资控制问题，但我们绝不能仅仅把眼光盯在该项目上。客观环境，如政治环境、经济环境、技术环境等随时影响着工程项目的投资，只有创造一个相对稳定的宏观环境，并正确地处理好项目与宏观环境间的关系，才能真正地做好工程项目投资控制工作。

2. 树立正确的工程项目投资控制理念

长期以来，工程项目投资的无偿使用，使得建设单位着重于工程质量和工期，而对投资没有给予应有的重视。因此，要做好投资管理工作，就要首先从思想上重视它，应主动而不是被动地来开展这一工作。

3. 正确地处理好投资、工期及质量三者的关系

工程项目的投资、工期与质量三者是辩证统一的关系，它们相互依存、相互影响。投资的节约应是在保证工程项目建设的质量（功能）和工期这一前提下的节约。同样，适当地缩短工期和确定合适的质量标准也会为投资管理工作提供有利的条件。

4. 投资控制人员的能力是管理好投资的保证

国际咨询工程师联合会（Fédévation Internationale Des Ingénieurs Conseils, 法语缩写 FIDIC）编写的《关于咨询工程师选择指南》明确了选择一个工程师的标准是"基于能力的选择"。国外许多经验表明，雇主若不愿意在确保管理干部高水平上花费时间和经费，以后就要招致重大损失，这种损失将超过其他生产活动领域的错误所造成的损失。

5. 工程项目投资控制应注重建设前期及设计阶段的工作

有关资料表明，建设前期和设计阶段节约投资的潜力很大。尽管项目施工开始后，项目建设花钱多，使用阶段花钱更多，但只有 12% 左右的可能性节约投资，而建设前期和设计阶段虽然花钱不多，但 88% 左右的节约投资的可能性都处于这两个环节。

6. 正确处理好工程建设投资与整个寿命周期费用的关系

工程项目投资控制考虑的是项目整个寿命周期的费用，既包括工程建设投资，也包括营运费用、报废费用，因此应正确地处理它们之间的关系。工程造价的降低不能以导致营运费用的大量增加为前提。控制工作的目标应是在满足功能要求的前提下，使整个寿命周期投资总额最小。

7. 工程项目是全体参与者共同劳动的结果

工程项目的参与者包括其寿命周期内所有单位的劳动者，如建设单位、设计单位、施工单位、营运单位等，他们共同劳动的结果决定了工程项目投资的数额。因此，只有这些单位相互配合才能管理好项目投资。

8. 工程项目投资控制是一门科学，也是一门艺术

工程项目投资控制工作内容复杂，涉及因素众多，方法手段多样，既要注重工程项目本身的投资效益，更应注重工程项目的社会效益。要想协调好各种因素，既需要按照已有的科学理论和方法来办事，又需要投资控制人员不断发挥自己的主观能动性，从工程项目投资控制的具体情况出发去创新。

第二章　建筑工程各阶段的投资控制

第一节　建筑工程设计阶段的投资控制

一、建筑工程设计阶段的主要工作内容

建筑工程设计阶段的投资控制是指在设计阶段工程设计人员和工程计价人员密切配合，运用一系列科学的方法和手段对设计方案进行选择和优化，正确处理技术与经济的对立统一关系，从而主动地影响工程投资，以达到有效控制工程投资的目的。

（一）设计准备阶段

设计人员与造价咨询人员紧密合作，通过对项目建议书和可行性研究报告内容的分析，不仅要了解业主方对设计的总体思路并兼顾项目利益相关者的不同要求，还要充分了解和掌握各种外部条件和客观情况，同时也要考虑工程需具备的各项使用要求。

（二）方案设计阶段

在方案设计阶段，设计单位或者个人和造价咨询人员通过考虑工程与周围环境之间的关系，对工程主要内容的安排进行布局设想。在这个过程中，设计单位或个人要考虑到项目利益相关者对建设项目的不同要求，妥善解决工程和周围环境的相容性和协调性。工程造价人员应做出专业详尽的建筑安装工程造价估算书。

（三）初步设计阶段

初步设计阶段是设计阶段的一个关键阶段，也是整个设计构思基本形成的阶段。初步设计阶段主要应明确拟建工程在规定期限内进行建设的技

术可行性和经济合理性；规定主要技术方案、工程总造价和主要技术经济指标。

(四) 技术设计阶段

技术设计阶段是初步设计的具体化，也是各种技术问题的定案阶段。技术设计的详细程度应能满足确定设计方案中重大技术问题和有关实验、设备选择等方面的要求。在建设项目采购过程中，应先确定建设材料采购清单。

(五) 施工图设计阶段

施工图设计阶段是设计工作和施工工作的桥梁，具体包括建设项目各部分工程的详图和零部件、结构件明细表以及验收标准、方法等。施工图设计的深度应能满足设备材料的选择与确定、非标准设备的设计与加工制作、施工图预算的编制、建筑工程施工和安装的要求。

(六) 设计交底和配合施工阶段

施工图发出后，根据现场需要，设计单位应派人到施工现场，与建设单位、施工单位等共同会审施工图，进行技术交底，介绍设计意图和技术要求，修订不符合实际和有错误的图纸；参与试运转和竣工验收，解决试运转过程中的各种技术问题，并检验设计的正确性和完善程度。

对于大、中型工业项目和大型复杂的民用建设项目，应派驻场设计代表积极配合现场施工并参加隐蔽工程验收。

二、设计阶段影响工程投资的因素

(一) 总平面设计

总平面设计是指总图运输设计和总平面配置，主要包括厂址方案、占地面积和土地利用情况，总图运输、主要建筑物和构筑物及公用设施的配置，外部运输、水、电、气及其他外部协作条件等。总平面设计中影响工程投资的因素有以下几个方面。

1. 占地面积

占地面积的大小一方面影响征地费用的高低，另一方面也会影响管线布置成本及项目建成运营的运输成本。

2. 功能分区

合理的功能分区既可以使建筑物的各项功能得到充分发挥，又可以使总平面布置紧凑、安全，避免大挖大填，减少土石方量和节约用地，降低工程造价。

3. 运输方式的选择

不同的运输方式其运输效率及成本不同。从降低工程造价的角度来看，应尽可能选择无轨运输方式，可以减少占地，节约投资。

（二）工艺设计

工艺设计部分要确定企业的技术水平。其中主要包括建设规模、标准和产品方案，工艺流程和主要设备的选型，主要原材料、燃料供应，“三废”治理及环保措施。此外，还包括生产组织及生产过程中的劳动定员情况等。

（三）建筑设计

建筑设计部分要在考虑施工过程的合理组织和施工条件的基础上，决定工程的立体平面设计和结构方案的工艺要求。在建筑设计阶段，影响工程造价的主要因素有以下几个方面。

1. 平面形状

一般地说，建筑物平面形状越简单，它的单位面积造价就越低。因为不规则的建筑物将导致室外工程、排水工程、砌砖工程及屋面工程等复杂化，从而增加工程费用。

2. 流通空间

建筑物的经济平面布置的主要目标之一，是在满足建筑物使用要求的前提下，将流通空间减少到最小。

3. 层高

在建筑面积不变的情况下，建筑层高增加会引起各项费用的增加。据有关资料分析，住宅层高每降低 10cm，可降低造价 1.2%～1.5%。单层厂房层高每增加 1m，单位面积造价增加 1.8% ~ 3.6%，年度采暖费用增加约 3%；多层厂房的层高每增加 0.6 m，单位面积造价提高 8.3% 左右。由此可见，随着层高的增加，单位建筑面积造价也在不断增加。

4. 建筑物层数

建筑工程总造价是随着建筑物的层数增加而提高的。建筑物层数对造价的影响，因建筑类型、形式和结构的不同而不同。如果增加一个楼层不影响建筑物的结构形式，单位建筑面积的造价可能会降低。随着住宅层数的增加，单方造价系数在逐渐降低，即层数越多越经济。工业厂房层数的选择应该重点考虑生产性质和生产工艺的要求。

5. 柱网布置

柱网布置是确定柱子的行距（跨度）和间距（每行柱子中相邻两个柱子间的距离）的依据。柱网布置是否合理，对工程造价和厂房面积的利用效率都有较大的影响。对于单跨厂房，当柱间距不变时，跨度越大单位面积造价越低；对于多跨厂房，当跨度不变时，中跨数量越多越经济。

6. 建筑物的体积与面积

随着建筑物体积与面积的增加，工程总造价会提高。对于工业建筑，在不影响生产能力的条件下，厂房、设备布置力求紧凑合理；要采用先进工艺和高效能的设备，节省厂房面积；要采用大跨度、大柱距的大厂房平面设计形式，提高平面利用系数。对于民用建筑，尽量减少结构面积比例，增加有效面积。住宅结构面积与建筑面积之比称为结构面积系数，结构面积系数越小，设计越经济。

7. 建筑材料和建筑结构

建筑结构是指建筑工程中由基础、梁、板、柱、墙、屋架等构件所组成的起骨架作用的、能承受直接和间接“荷载”的体系。建筑结构按所用材料可分为砌体结构、钢筋混凝土结构、钢结构和木结构等。

建筑材料和建筑结构选择是否合理，不仅直接影响到工程质量、使用寿命、耐火抗震性能，而且对施工费用、工程造价有很大的影响。

三、设计阶段投资控制的意义

工程设计阶段是工程开始施工之前，设计者根据已批准的设计任务书，为具体实现拟建项目的技术、经济要求，拟定建筑、安装、装饰装修及设备制造等所需的规划、图纸、数据等技术文件。设计是在技术和经济上对拟建工程的实施进行全面的安排，也是对工程建设进行规划的过程，是对建设项目由计划变为现实具有决定意义的工作阶段。拟建工程在建设中能否保证进度、保证质量和节约投资，在很大程度上取决于设计质量的优劣。要有效地控制建筑工程造价，就要坚决地把控制重点转到控制建设前期阶段上来，尤其应当抓住设计这个关键阶段，以取得事半功倍的效果。

四、设计阶段投资控制的措施和方法

(一) 标准设计和限额设计

设计标准是国家的重要技术规范，来源于工程建设实践经验和科研成果，是工程建设必须遵循的科学依据；设计标准体现科学技术向生产力的转化，是保证工程质量的前提，是建设项目创造经济效益的途径之一。

设计标准具有如下作用：保证工程的安全性和预期的使用功能；对建筑工程的规模、内容、建造标准进行控制；提供设计所必需的指标、定额、计算方法和构造措施；减少设计工作量、提高设计效率；为降低工程造价、控制工程投资提供方法和依据；促进建筑工业化、装配化，加快建设速度。

正确理解和运用设计标准是做好设计阶段投资控制工作的前提，其基本要求如下。

一是根据建设地点的自然、地质、地理、物资供应等条件和使用功能，制订合理的设计方案，明确方案应遵循的标准规范。

二是充分了解工程设计项目的使用对象、规模、功能要求，选择相应的设计标准规范作为依据，合理确定项目等级和面积分配、功能分区以及材料、设备、装修标准和单位面积造价等控制指标。

三是施工图设计前应检查是否符合设计标准规范的规定。

四是当遇特殊情况难以执行标准规范时，特别是涉及安全、卫生、防火、环保等问题时，应取得当地有关管理部门的批准或认可。

五是当各层次标准出现矛盾时，应以上级或管理部门的标准为准。在使用功能方面应遵守上限标准（不超标）；在安全、卫生等方面应遵守下限标准（不降低要求）。

1. 标准设计

标准设计是指按照国家规定的现行标准规范，对各种建筑、结构和构配件等编制的具有重复作用性质的整套技术文件，经主管部门审查、批准后颁发的全国、部门或地方通用的设计。推行标准设计，能加快设计速度，节约设计费用；可进行机械化、工厂化生产，提高劳动生产率，缩短建设周期；有利于节约建筑材料，降低工程造价。据统计，采用标准设计一般可加快设计进度 1 ~ 2 倍，节约建设投资 10% ~ 15%。

（1）标准设计的特点。

①以图形表示为主，对操作要求和使用方法做文字说明。

②具有设计、施工、经济标准各项要求的综合性。

③设计人员选用后可直接用于工程建设，具有产品标准的作用。

④对地域、环境的适应性要求严格，地方性标准较多。

⑤除特殊情况可做少量修改外，设计人员不得自行修改标准设计。

（2）标准设计的分类。标准设计的种类很多，有全工厂（火电厂、糖厂、纺织厂和造纸厂等）的标准设计，有车间或某个单项工程的标准设计，有公用辅助工程（供水、供电等）的标准设计，有某些建筑物（住宅等）、构筑物（冷水塔等）的标准设计，也有建筑工程某些部位的构配件或零部件（梁、板等）的标准设计。

标准设计从管理权限和适用范围方面来讲，分为以下几类。

①国家标准设计，简称“国标”。这是指对全国工程建设具有重要作用的、跨行业、跨地区的、可在全国范围内统一通用的设计。这种设计由编制部门提出送审文件，报国家发展改革委审批颁发。

②部颁标准设计，简称“部标”。这是指可以在全国各有关专业范围内统一通用的设计。这种设计由各专业主管部、总局审批颁发。

③省、自治区、直辖市标准设计，简称“地方标准”。这是指可以在本地区范围内统一通用的标准设计。这种设计由省、自治区、直辖市审批颁发。

④设计单位自行制定的标准。这是指在本单位范围内需要统一，在本单位内部使用的设计技术原则、设计技术规定，由设计单位批准执行，并报

上一级主管部门备案。

（3）标准设计的阶段划分。标准设计一般分为初步设计和施工图设计两个阶段。初步设计阶段主要是确定设计原则和技术条件，提出在技术经济上合理的设计方案。施工图设计阶段是根据批准的初步设计，提供符合生产、施工要求的施工图。

（4）标准设计的一般范围。

①重复建造的建筑类型及生产能力相同的企业、单独的房屋和构筑物，都应采用标准设计或通用设计。

②对不同用途和要求的建筑物，按照统一的建筑模数、建筑标准、设计规范、技术规定等进行设计。

③当整个房屋或构筑物不能定型化时，则应把其中重复出现的部分，如房屋的建筑单元、主要的结构点等构造在配件标准化的基础上定型化。

④建筑物和构筑物的柱网、层高及其他构件尺寸的统一化。

⑤建筑物采用的构配件应力求统一化，在基本满足使用要求和修建条件的情况下，尽可能地具有通用互换性。

（5）采用标准设计的意义和作用。标准设计是在经过大量调查研究，反复总结生产、建设实践经验和吸收科研成果的基础上制定出来的，在建设项目中积极采用标准设计具有以下的意义和作用。

①加快提供设计图纸的速度、缩短设计周期、节约设计费用。

②可使工艺定型，易提高工人技术水平，易使生产均衡，可提高劳动生产率和节约材料，有利于较大幅度降低建设投资。

③可加快施工准备和定制预制构件等工作，并能使施工速度大大加快，既有利于保证工程质量，又能降低建筑安装工程费用。

④按通用性条件编制、按规定程序审批，可供大量重复使用，做到既经济又优质。

⑤贯彻执行国家的技术经济政策，密切结合自然条件和技术发展水平，合理利用资源和材料设备，考虑施工、生产、使用和维修的要求，便于工业化生产。

2. 限额设计

（1）限额设计的基本原理。限额设计的基本原理是通过合理确定设计标准、设计规模和设计原则，通过合理确定概预算基础资料及层层设计限额，来实现投资限额的控制和管理。限额设计不是一味考虑节约投资，也不是简单地裁减投资，而应该是设计质量的管理目标。

限额设计是按照批准的可行性研究投资估算控制初步设计，按照批准的初步设计总概算控制施工图设计，同时各专业在保证达到使用功能的前提下，按分配的投资限额控制设计，并严格控制设计的不合理变更，保证不突破总投资限额的工程设计过程。

限额设计绝非限制设计人员的设计思想，而是要让设计人员把设计与经济二者统一结合起来，即监理工程师要求设计人员在设计过程中必须考虑经济性。

监理工程师在设计过程中及各阶段设计完成时，要主动对已完成的图纸内容进行估价，并与相应的概算、修正概算、预算进行比较对照，若发现超投资情况，应找出其中原因，并向业主提出建议，从而在业主授权后，指示设计人员修改设计，将投资控制在投资限额内。如果未经业主同意，监理工程师无权提高设计标准和设计要求。

(2) 限额设计的内容。

①纵向投资控制。限额设计必须贯穿设计的各个阶段，实现限额设计的纵向控制。具体内容如下。

第一，可行性研究。建设项目从可行性研究开始，便要树立限额设计观念，合理、准确地确定投资估算是核定项目总投资额的依据。获得批准后的投资估算就是下一阶段进行限额设计、控制投资的重要依据。

第二，初步设计。初步设计应该按核准后的投资估算限额，通过多个方案的设计比较、优选来实现。初步设计应严格按照施工规划和施工组织设计，按照合同文件要求进行，并要切实、合理地选定费用指标和经济指标，正确地确定设计概算。经审核批准后的设计概算限额便是下一步施工图设计控制投资的依据。

第三，施工图设计。施工图设计是设计单位的最终产品，必须严格地按初步设计确定的原则、范围、内容和投资额进行设计，即按设计概算限额进行施工图设计。但由于初步设计受外部条件如工程地质、设备、材料供应、价格变化以及横向协作关系的影响，加上人们主观认识的局限性，往往给施工图设计及以后的实际施工带来局部变更和修改，合理的修改、变更是正常的，关键是要通过核算和调整来控制施工图设计不突破设计概算限额。对于涉及建设规模、设计方案等的重大变更，则必须重新编制或修改初步设计文件和初步设计概算，并以批准的修改初步设计概算作为施工图设计的投资控制额。

第四，设计变更。加强设计变更的管理工作，对于确实可能发生的变更，应尽量提前实现，如果在设计阶段变更，则只需改图纸，其他费用尚未发生，损失有限；如果在采购阶段变更，则不仅要修改图纸，设备材料还必须重新采购；若在施工中变更，除上述费用外，已施工的工程还须拆除，势必造成重大变更损失。为此，要建立相应的设计管理制度，尽可能把设计变更控制在设计阶段，对于影响工程造价的重大设计变更，更要用先算后变的办法。

②横向投资控制。限额设计是健全和加强设计单位对建设单位以及设计单位内部的经济责任制，实现限额设计的横向控制。

第一，明确设计单位内部各专业科室对限额设计的责任，建立各专业投资分配考核制。

第二，设计开始前按估算、概算、预算不同的阶段将工程投资按专业分配，分段进行考核，下一阶段指标不得突破上一阶段指标。哪一专业突破控制投资指标时，应首先分析突破原因，用修改设计的方法解决，在本阶段处理，责任落实到个人，建立限额设计的奖惩机制。

（二）价值工程在限额设计中的应用

1. 价值工程的概念

价值工程（Value Engineering，VE）又称价值分析，是一门科学的现代化管理技术，是新兴的技术与经济结合的分析方法，是降低产品成本的有效的管理技术，广泛应用于产品设计与工艺。它可提高项目建设的经济效果，是一门研究用最低的成本支出实现必要的功能，从而提高产品价值的科学。

价值工程是分析项目功能和成本间的关系，力求以最低的项目寿命周期投资实现项目的必要功能的有组织的活动。价值分析所说的 V 是研究对象（产品或作业）所具有的功能 F 与获得该功能的寿命周期成本 C 的比值，可以用公式表示如下。

$$V=\frac{F}{C}$$

价值工程的定义包含以下三个方面的内容。

(1) 价值工程的目的是以最低的总投资获得项目的必要功能。

(2) 价值工程的核心是对项目进行功能分析。

(3) 价值工程是一种依靠集体智慧进行的有组织、有领导的系统活动。

价值工程并不是通过一般的方法来实现成本的降低，而是通过功能分析，明确分析对象的必要功能，然后设法以最低的总费用来实现这个必要功能。

2. 价值工程的特点

价值工程具有如下特点。

(1) 价值工程以使用者的功能需求为出发点。

(2) 价值工程的目标是实现以最低的总成本使某产品或作业具有它所必须具备的功能。总成本是指寿命周期成本，包括制造成本和使用成本。在价值工程里强调的是总成本的降低，即整个系统的经济效果。

(3) 价值工程的核心是对产品进行功能分析，在保证产品质量的前提下，对产品的结构和零部件的功能进行分析研究，排除那些与质量无关的多余功能，从而达到降低成本、提高经济效益的目的。

(4) 价值工程利用有组织的集体智慧来实现其总目标。一种产品从设计到产成出厂，要通过企业内部的许多部门。一个改进方案，从方案提出，进行试验，到最后付诸实践，需依靠集体智慧和力量，通过许多部门的配合，才能体现到产品上，达到提高产品功能和降低成本的目的。

(5) 价值工程侧重在产品研制阶段开展工作。实践证明，无论新产品开发还是老产品改造，设计研制阶段的工作对生产阶段产品的质量和成本影响最大。

3. 价值工程的主要工作内容

(1) 对象选择。

①对象选择的一般原则。选择价值工程对象时一般应遵循以下两项原则：一是优先考虑企业生产经营上迫切要求改进的主要产品，或是对国计

民生有重大影响的项目；二是优先考虑对企业经济效益影响大的产品（或项目）。具体包括以下几个方面。

设计方面：选择结构复杂、体大量重、技术性能差、能源消耗高、原材料消耗大或是稀有、贵重的奇缺产品。

施工生产方面：选择产量大、工序烦琐、工艺复杂、工装落后、返修率高、废品率高、质量难以保证的产品。

销售方面：选择用户意见大、退货索赔多、竞争力差、销售量下降或市场占有率低的产品。

成本方面：选择成本高、利润低的产品或在成本构成中比重大的产品。

②价值分析的重点对象。由于价值分析的对象价值低、降低成本潜力大，故工程设计价值分析的对象选择应遵循以下原则。

一是选择数量大，应用面广的构配件，如外墙、楼板、防水材料、人工地基等，它们降低成本的潜力大。

二是选择成本高的工程和构配件，它们改进的潜力大，对产品的价值影响大。

三是选择结构复杂的工程和构配件，它们有简化的可能性。

四是选择体积与重量大的工程和构配件，它们是节约原材料和改进施工（生产）工艺的重点。

五是选择对产品功能提高起关键作用的构配件，以期改进后对提高功能有显著效果。

六是选择在使用中维修费用高、耗能量大或在使用期的总费用较大的工程和构配件。

七是选择畅销产品，以保持优势，提高竞争力。

八是选择在施工中容易保证质量的工程和构配件。

九是选择施工难度大、材料和工时消耗大的工程和构配件，研究降低施工难度、降低材料和工时消耗的可能。

十是选择可利用新材料、新设备、新工艺、新结构及在科研上已有先进成果的工程和构配件。

总之，选择的对象或可提高功能，或可降低成本，或有利于价值提高。防止忽视价值水平而单独考虑提高功能或单纯考虑降低成本，导致价值降低。对于每项设计任务，应具体对待，不可一概而论。

③对象选择的方法。对象选择的方法有很多，每种方法都有各自的优点和适应性。具体包括以下几种。

百分比法：按某种费用或资源在不同项目中所占的比重大小来选择价值工程对象的方法。

ABC 分析法：运用数理统计分析原理，根据局部成本在总成本中的比重大小来选择价值工程对象。一般来说，企业产品的成本往往集中在少数关键部件上。在选择对象产品或部件时，为便于抓重点，把产品（或部件）种类按成本大小顺序划分为 A、B、C 三类。部件数量占 10% ~ 15%，成本占 70% ~ 80% 的为 A 类；部件数量占 15% ~ 20%，成本占 10% ~ 20% 的为 B 类；部件数量占 60% ~ 80%，成本占 5% ~ 10% 的为 C 类。

强制确定法：该方法在选择价值工程对象、功能评价和方案评价中都可以使用。在对象选择中，通过对每个部件与其他各部件的功能重要程度进行逐一对比打分，相对重要的得 1 分，不重要的得 0 分，即 01 评分法，以各部件功能得分占总分的比例确定功能评价系数，根据功能评价系数和成本系数确定价值系数。

（2）信息资料收集。不同价值工程对象所需收集的信息资料内容不尽相同，一般包括市场信息、用户信息、竞争对手信息、设计技术方面的信息、制造及外协方面的信息、经济方面的信息、本企业的基本情况、国家和社会方面的情况等。收集信息资料是一项周密而系统的调查研究活动，应有计划、有组织、有目的地进行。

收集信息资料的方法通常有以下几种。

①面谈法：通过直接交谈收集信息资料。

②观察法：通过直接观察价值工程对象收集信息资料。

③书面调查法：将所需资料以问答形式预先归纳为若干问题，通过资料问卷的回答来获取信息资料。

（3）功能分析。功能分析是价值工程的核心。功能分析的目的是研究产品各组成部分和它们之间的相互关系，对零件的功能进行技术和经济两方面的分析，回答“它的作用是什么”的提问，为功能数量化、进行功能评价、创造方案和实现方案的最优化提供依据。功能分析是通过给选定的对象下功能定义，进行功能分类和整理，根据用户要求的功能，寻求实现功能的最低费用，以便与功能的现实费用进行比较，回答“它的成本是多少”“它的价值如何”的提问，从而找出提高价值的对象，并估算其改善的可能性。

(4) 功能评价。从价值工程程序来看，当功能分析明确了用户所要求的功能之后，就要进一步找出实现这一功能的最低费用（功能评价值），以功能评价值为基准，通过与实现功能的现实成本相互比较，求出两者的比值（功能价值）和二者的差（改善期望值）。然后选择功能价值低、改善期望值高的功能，作为价值工程进一步开展活动的重点对象。这一评价功能价值的工作叫作功能评价。

功能评价包括价值评价和成本评价两方面内容。价值评价着重计算、分析、研究对象的成本与功能间的关系是否协调、平衡，评价功能价值的高低，评定需要改进的具体对象；功能价值的一般计算公式与对象选择时价值的基本计算公式相同，但是功能价值计算所用的成本按功能统计，而不是按部件统计。

(5) 方案创造。依靠集体的智慧，针对提高价值的对象，提出各种各样改进的设想方案，回答“还有其他方法实现这一功能吗”的提问。

(6) 方案评价。对于在功能分析基础上提出的各种改进设想方案，要运用科学的方法，进行技术可行性和经济可行性的概略评价，评选出有价值的改进方案，并进一步具体化，回答“新方案的成本是多少”的提问。

(7) 试验研究。对具体方案进行技术上的试验和论证，对方案的优缺点做全面的分析研究，以检验方案能否满足预定的要求，回答“新方案能可靠地实现必要功能吗”的提问。

(8) 详细评价与实施。对经过上述步骤选出的改进方案，进一步从技术、经济、社会等方面进行详细评价，最后确定最优方案，并将此方案作为正式方案提交有关领导审批，批准后即可组织实施。

(9) 活动成果评价。方案实施后，必须对成果进行全面评价，以便明确经济效益，不断提高价值工程活动水平。

(三) 寿命周期成本理论在设备选型中的应用

寿命周期成本是指产品从研制、生产到经济寿命期内使用的整个期间的成本，即从用户提出需要某种产品开始研制起，到满足用户使用需要为止的整个时期的产品成本。

寿命周期成本包括制造成本和使用成本两个方面。制造成本是指产品在研制和生产阶段上所发生的费用，包括产品的科研、试验、设计、试制及生产的费用；使用成本是指产品投入使用后所发生的费用，包括产品使用过程中的能源消耗、维修费用和管理费用。

寿命周期成本评价是一种技术与经济有机结合的方案评价方法，它考虑项目的功能水平与实现功能的寿命周期费用之间的关系。在设备选型中应用寿命周期成本评价方法的步骤如下。

第一，提出各项备选方案，确定系统效率评价指标。

第二，明确费用构成项目，预测各项费用水平。

第三，计算各方案的经济寿命，作为分析的计算期。

第四，计算各方案在经济寿命内寿命周期成本。

第五，计算各方案可以实现的系统效率水平，并与寿命周期成本相除计算费用效率，费用效率较大的方案较优。

费用效率（CE）是指工程系统效率（SE）与工程寿命周期成本（LCC）的比值。

第二节　建筑工程施工阶段的投资控制

一、施工阶段投资控制的目标

决策阶段、设计阶段和招标阶段的投资控制工作，使工程建设规划在达到预计功能要求的前提下，其投资预算数也达到了最优程度，这个最优程度投资预算数的实现，取决于工程建设施工阶段投资控制工作。监理工程师在施工阶段进行投资控制的基本原理是把计划投资额作为投资控制的目标值，在工程施工过程中定期进行投资实际值与目标值的比较，找出偏差及其产生的原因，采取有效措施加以控制，以保证投资控制目标的实现。这期间日常的核心工作是工程计量与支付，同时工程变更和索赔对工程支付的影响较大，也需引起足够的重视。

二、施工阶段投资控制的措施

施工阶段的投资控制工作周期长、内容多、潜力大，需要采取多方面的控制措施，确保投资实际支出值小于计划目标值。项目监理在本阶段采取的投资控制措施如下。

(一) 技术措施

第一，严格控制设计变更，并对设计变更进行技术经济分析和审查。

第二，进一步寻找通过完善设计、施工工艺、材料和设备管理等多方面挖潜以节约投资的途径，组织"三查四定"(查漏项、查错项、查质量隐患、定人员、定措施、定完成时间、定质量验收)，对查出的问题进行整改，组织审核降低造价的技术措施。

第三，加强设计交底和施工图会审工作，把问题解决在施工之前。

(二) 经济措施

第一，对已完成的实物工程量进行计量或复核，对未完工程量进行预测。

第二，预付工程款、工程进度款、工程结算、备料款和预付款的合理回扣时间的审核、签证。

第三，在施工实施的全过程中进行投资跟踪、动态控制和分析预测，对投资目标计划值按费用构成、工程构成、实施阶段、计划进度进行分解。

第四，定期向监理负责人、建设单位提供投资控制报表、投资支出计划与实际分析对比。

第五，依据投资计划的进度要求编制施工阶段详细的费用支出计划，并控制其执行和复核付款账单，编制资金筹措计划和分阶段到位计划。

第六，及时办理和审核工程结算。

第七，制定行之有效的节约投资的激励机制和约束机制。

(三) 组织措施

第一，建立项目监理的组织保证体系，在项目监理班子中落实从投资控制方面进行投资跟踪、现场监督和控制的人员，明确任务及职责，如发布工程变更指令，对已完工程的计量、支付款复核、设计挖潜复查，处理索赔事宜，进行投资计划值和实际值比较，投资控制的分析与预测，报表的数据处理，资金筹措和编制资金使用计划等。

第二，编制本阶段投资控制详细工作流程图。

第三，每项任务需有人检查，规定确切的完成日期并提出质量上的要求。

（四）合同措施

第一，参与处理索赔事宜时以合同为依据。

第二，参与合同的修改、补充、管理工作，并分析研究合同条款对投资控制的影响。

第三，监督、控制、处理工程建设中的有关问题时以合同为依据。

三、施工阶段资金使用计划的编制

施工阶段编制资金使用计划的目的是控制施工阶段投资，合理确定工程项目投资控制目标值，也就是根据工程概算或预算确定计划投资的总目标值、分目标值、细目标值。

（一）按项目分解编制资金使用计划

根据建设项目的组成，首先将总投资分解到各单项工程，再分解到单位工程，最后分解到分部分项工程。分部分项工程的支出预算既包括材料费、人工费、机械费，也包括承包企业的企业管理费、规费、利润等，其支出预算是分部分项工程的综合单价与工程量的乘积。按单价合同签订的招标项目，其支出预算可根据签订合同时提供的工程量清单所定的单价确定。其他形式的承包合同，可利用招标编制标底时所计算的材料费、人工费、机械费及考虑分摊的企业管理费、规费、利润等确定综合单价，同时核实工程量，准确确定支出预算。

编制资金使用计划时，既要考虑总预备费，也要在主要的工程分项中安排适当的不可预见费。所核实的工程量与招标时的工程量估算值有较大出入时，应予以调整并做“预计超出子项”注明。

（二）按时间进度编制资金使用计划

建设项目的投资总是分阶段、分期支出的，资金使用是否合理与资金时间安排有着密切的关系。为了合理地制订资金筹措计划，尽可能减少资金占用和利息支付，编制按时间进度分解的资金使用计划是很有必要的。

通过对施工对象的分析和对施工现场的考察，结合当代施工技术特点，制订出科学合理的施工进度计划，在此基础上编制按时间进度划分的投资支出预算。其步骤如下。

第一，编制施工进度计划。

第二，根据单位时间内完成的工程量计算出这一时间内的预算支出、在时标网络图上按时间编制投资支出计划。

第三，计算工期内各时点的预算支出累计额，绘制时间－投资累计曲线（S 形曲线）。

根据施工进度计划的最早可能开始时间和最迟必须开始时间来绘制则可得两条时间－投资累计曲线，俗称“香蕉”形曲线。一般而言，按最迟必须开始时间安排施工，对建设资金贷款利息节约有利，但同时也降低了项目按期竣工的保证率，故监理工程师必须合理地确定投资支出预算，达到既节约投资支出，又控制项目工期的目的。

在实际操作中，可同时绘出计划进度预算支出累计线、实际进度预算支出累计线和实际进度实际支出累计线以进行比较，了解施工过程中费用的节约或超出情况。

四、工程计量

（一）工程计量的重要性

正确的计量是发包人向承包人支付合同价款的前提和依据，因此《建设工程工程量清单计价规范》中规定：“工程量必须按照相关工程现行国家计量规范规定的工程量计算规则计算。”这就明确了不论采用何种计价方式，其工程量必须按照相关工程的现行国家计量规范规定的工程量计算规则计算。

采用统一的工程量计算规则，对于规范工程建设各方的计量计价行为，有效减少计量争议具有十分重要的意义。

选择恰当的工程计量方式对于正确计量是十分必要的。由于工程建设具有投资大、周期长等特点，因而《建设工程工程量清单计价规范》中规定："工程计量可选择按月或按工程形象进度分段计量，当采用分段结算方式时，应在合同中约定具体的工程分段划分界限。"按工程形象进度分段计量与按月计量相比，其计量结果更具稳定性，可以简化竣工结算。但需注意工程形象进度分段的时间要与按月计量保持一定关系，不应过长。

采用单价合同的承包工程，工程量清单中的工程量只是在图纸和规范基础上的估算值，不能作为工程款结算的依据。监理工程师必须对已完工的工程进行计量，只有经过监理工程师计量确定的数量才是向承包商支付工程款的凭证。所以计量是控制项目投资支出的关键环节，也是约束承包商履行合同义务的手段。监理工程师对计量支付有充分的批准权和否决权，对不合格的工作和工程，可以拒绝计量。监理工程师通过按时计量，可以及时掌握承包商工作的进展情况和工程进度，督促承包商履行合同。

（二）工程计量的程序

1.《建设工程施工合同（示范文本）》规定的工程计量程序

工程计量按照合同约定的工程量计算规则、图纸及变更指示等进行。工程量计算规则应以相关的国家标准、行业标准等为依据，由合同当事人在专用合同条款中约定。除专用合同条款另有约定外，工程计量按月进行。

（1）单价合同的计量。除专用合同条款另有约定外，单价合同的计量按照以下约定执行。

①承包人应于每月25日向监理工程师报送上月20日至当月19日已完成的工程量报告，并附具进度付款申请单、已完成工程量报表和有关资料。

②监理工程师应在收到承包人提交的工程量报告后7天内完成审核并报送发包人，以确定当月实际完成的工程量。监理工程师对工程量有异议的，有权要求承包人进行共同复核或抽样复测。承包人应协助监理工程师进行复核或抽样复测，并按监理工程师要求提供补充计量资料。承包人未按监理工程师要求参加复核或抽样复测的，视监理工程师复核或修正的工程量为

承包人实际完成的工程量。

③监理工程师未在收到承包人提交的工程量报告后的7天内完成审核的，视承包人报送的工程量报告中的工程量为承包人实际完成的工程量，据此计算工程价款。

（2）总价合同的计量。除专用合同条款另有约定外，按月计量支付的总价合同，按照以下约定执行。

①承包人应于每月25日向监理工程师报送上月20日至当月19日已完成的工程量报告，并附具进度付款申请单、已完成工程量报表和有关资料。

②监理工程师应在收到承包人提交的工程量报告后7天内完成审核并报送发包人，以确定当月实际完成的工程量。监理工程师对工程量有异议的，有权要求承包人进行共同复核或抽样复测。承包人应协助监理工程师进行复核或抽样复测并按监理工程师要求提供补充计量资料。承包人未按监理工程师要求参加复核或抽样复测的，视监理工程师审核或修正的工程量为承包人实际完成的工程量。

③监理工程师未在收到承包人提交的工程量报告后的7天内完成复核的，视承包人提交的工程量报告中的工程量为承包人实际完成的工程量。

2.《建设工程监理规范》规定的工程计量程序

项目监理机构应及时审查施工单位提交的工程款支付申请，进行工程计量。项目监理机构应按下列程序进行工程计量：专业监理工程师对施工单位在工程款支付报审表中提交的工程量和支付金额进行复核，确定实际完成的工程量，提出到期应支付给施工单位的金额，并提出相应的支持性材料；总监理工程师对专业监理工程师的审查意见进行审核，确认后报建设单位审批；总监理工程师根据建设单位的审批意见，向施工单位签发工程款支付证书。

3.国际咨询工程师联合会（FIDIC）规定的工程计量程序

按照FIDIC条款规定，当监理工程师要求对任何部位进行计量时，他应适时地通知承包商授权的代理人，代理人应立即参加或派出一名合格的代表协助监理工程师进行上述计量工作，并提供监理工程师所要求的一切详细资料。如承包商不参加，或由于疏忽遗忘而未派上述代表参加，则由监理工程师单方面进行的计量应被视为对工程该部分的正确计量。如果对永久工程采取记录和图纸的方式计量，监理工程师应准备好相应的记录和图纸，当承包商被通知进行该项计量时，应在 14 天内参加审查，并就此类记录和图纸与监理工程师达成一致意见，在上述文件上签字。如果承包商不出席此类记录和图纸的审查和确认，则认为这些记录和图纸是正确无误的。如果在审查上述记录和图纸之后，承包商不同意上述记录和图纸，或不签字，它们仍将被认为是正确的，除非承包商在上述审查后 14 天内向监理工程师提出申诉，申明自己认为的其中不正确的各个方面。在接到这一申诉通知后，监理工程师应复查这些记录和图纸，或予以确认或予以修改。

在某些情况下，也可由承包商在监理工程师的监督和管理下，对工程的某些部分进行计量。

(三) 工程计量的依据

计量依据一般有质量合格证书、工程量清单前言和技术规范中的“计量支付”条款、设计图纸。

(1) 质量合格证书。对于承包商已完工程，经过专业工程师检验，工程质量达到合同规定的标准后，由专业工程师签署报验申请表(质量合格证书)，只有质量合格的工程才予以计量。

(2) 工程量清单前言和技术规范中的“计量支付”条款。工程量清单前言和技术规范的“计量支付”条款规定了清单中每一项工程的计量方法，同时还规定了按规定的计量方法确定的单价所包括的工作内容和范围。

(3) 设计图纸。工程师计量的工程数量并不一定是承包商实际施工的数量，计量的几何尺寸要以设计图纸为依据，工程师对承包商超出设计图纸要求增加的工程量和自身原因造成返工的工程量，应不予计量。

对于未经监理人员质量验收合格的工程量，或不符合施工合同规定的工程量，监理人员应拒绝该部分的工程款支付申请。

(四) 工程计量的方法

监理工程师一般只对如下三方面的工程项目进行计量：工程量清单中的全部项目、合同文件中规定的项目、工程变更项目。根据 FIDIC 合同条件的规定，一般可按照以下方法进行计量。

1. 估价法

所谓估价法，就是按合同文件的规定，根据监理工程师估算的已完成的工程价值支付。如为监理工程师提供办公设施和生活设施，为监理工程师提供用车，提供测量设备、天气记录设备、通信设备等项目。这类清单项目往往要购买几种仪器设备，当承包商对于某一项清单项目中规定购买的仪器设备不能一次购进时，则需采用估价法进行计量支付。

2. 凭据法

所谓凭据法，就是按照承包商提供的凭据进行计量支付。如建筑工程险保险费、第三方责任险保险费、履约保证金等项目，一般按凭据法进行计量支付。

3. 均摊法

所谓均摊法，就是对清单中某些项目的合同价款进行均摊。这些项目都有一个共同的特点，即每月均有发生，按合同工期平均计量。

4. 断面法

断面法主要用于取土坑或填筑路堤土方的计量。对于填筑土方工程，一般规定计量的体积为原地面线与设计断面所构成的体积。采用这种方法计量，在开工前承包商需测绘出原地形的断面，并需经监理工程师检查，以作为计量的依据。

5. 分解计量法

所谓分解计量法，就是将一个项目，根据工序或部位分解为若干子项，对已完成的各子项进行计量支付。这种计量方法主要是为了解决一些包干项目或较大的工程项目支付时间过长，影响承包商的资金流动的问题。

6. 图纸法

按图纸进行计量的方法，称为图纸法。在工程量清单中，许多项目都按照设计图纸所示的尺寸进行计量，如混凝土构筑物的体积、钻孔桩的桩长等。

第三节 建筑工程竣工阶段的投资控制

一、竣工决算的概念与作用

(一) 竣工决算的概念

竣工决算是建筑工程经济效益的全面反映，是项目法人核定各类新增资产价值、办理其交付使用的依据。一方面，竣工决算能够正确反映建筑工程的实际造价和投资结果；另一方面，可以通过竣工决算与概算、预算的对比分析，考核投资控制的工作成效，总结经验教训，积累技术经济方面的基础资料，提高未来建筑工程的投资效益。

(二) 竣工决算的作用

竣工决算是综合、全面地反映竣工项目建设成果及财务情况的总结性文件，它采用货币指标、实物数量、建设工期和种种技术经济指标综合全面地反映建设项目自开始建设到竣工为止的全部建设成果和财务状况。

竣工决算是办理交付使用资产的依据，也是竣工验收报告的重要组成部分。在建设单位与使用单位办理交付资产的验收交接手续时，竣工决算反映了交付使用资产的全部价值，包括固定资产、流动资产、无形资产和递延资产的价值。同时，它还详细提供了交付使用资产的名称、规格、数量、型号和价值等资料，是使用单位确定各项新增资产价值并登记入账的依据。

竣工决算是分析和检查设计概算的执行情况，考核投资效果的依据。竣工决算反映竣工项目计划、实际的建设规模、建设工期以及设计和实际的生产能力，反映概算总投资和实际的建设成本，同时也反映所达到的主要技术经济指标。通过对这些指标计划数、概算数与实际数进行对比分析，不仅可以全面掌握项目计划和概算执行情况，而且可以考核项目投资效果，为今后制订建设计划，降低建设成本，提高投资效果提供必要的资料。

二、竣工决算的编制

（一）竣工决算的编制依据

第一，经批准的可行性研究报告及其投资估算。

第二，经批准的初步设计或扩大初步设计及其概算或修正概算。

第三，经批准的施工图设计及其施工图预算。

第四，设计交底或图纸会审纪要。

第五，招标工程的标底、承包合同、工程结算资料。

第六，施工记录或施工签证单以及其他施工中发生的费用记录，如索赔报告与记录、停（交）工报告等。

第七，竣工图及各种竣工验收资料。

第八，历年基建资料、历年财务决算及批复文件。

第九，设备、材料调价文件和调价记录。

第十，有关财务核算制度、办法和其他有关资料、文件等。

（二）竣工决算的编制步骤和方法

1. 收集、整理和分析原始资料

收集和整理出一套较为完整的相关资料，是编制竣工决算的必要条件。在工程建设的过程中应注意保存和收集资料，在竣工验收阶段要系统地整理出所有技术资料、施工图纸和各种变更与签证资料，分析其准确性。

2. 清理各项账务、债务和结余物资

在收集、整理和分析资料的过程中，应注意建筑工程从筹建到竣工投产（或使用）的全部费用的各项账务、债权和债务的清理，既要核对账目，又要查点库存实物的数量，做到账物相等、相符；对结余的各种材料、工器具和设备要逐项清点核实，妥善管理，并按照规定及时处理、收回资金；对各种往来款项要及时进行全面清理，为编制竣工决算提供准确的数据依据。

3. 填写竣工财务决算报表

根据编制依据中的有关资料统计或计算建设项目竣工财务决算报表中各个项目的数量，并将其结果填入相应表格栏目中，完成所有报表的填写。

这是编制工程竣工决算的主要工作。

4. 编写竣工财务决算说明书

根据竣工财务决算说明的内容、要求，依据材料和填写在报表中的结果编写竣工决算说明书。

5. 上报主管部门审查

以上编写的文字说明和填写的表格经核对无误，装订成册，即可作为建设项目竣工文件，报主管部门审查，同时要把其中财务成本部分送交开户银行签证。竣工决算在上报主管部门的同时，抄送设计单位；大、中型建设项目的竣工决算还需抄送财政部，建设银行总行和省、市、自治区财政局和建设银行分行各一份。

建设项目竣工决算的文件由建设单位负责组织人员编制，在竣工建设项目办理竣工验收一个月之内完成。

(三) 竣工决算的内容

竣工决算是建筑工程从筹建到竣工投产全过程中发生的所有实际费用，包括设备工器具购置费、建筑安装工程费和其他费用等。竣工决算由竣工财务决算说明书、竣工财务决算报表、竣工工程平面示意图、工程造价比较分析四部分组成。其中，竣工财务决算说明书和竣工财务决算报表属于竣工财务决算的内容。竣工财务决算是竣工决算的组成部分，是正确核定新增资产价值，反映竣工项目建设成果的文件，是办理固定资产交付使用手续的依据。

1. 竣工财务决算说明书

竣工财务决算说明书主要反映竣工工程建设的成果和经验，是对竣工决算报表进行分析和补充说明的文件，是全面考核分析建筑工程投资与造价的书面总结，其主要内容如下。

(1) 建设项目概况和对工程总的评价。一般从进度、质量、安全和造价、施工方面进行分析说明。进度方面主要说明开工和竣工时间，对照合理工期和要求工期分析是提前还是延期，并进行说明；质量方面主要根据竣工验收委员会或相当于一级质量监督部门的验收评定等级、合格率和优良品率进行说明；安全方面主要根据劳动工资和施工部门的记录，对有无设备和人身事故进行说明；造价方面主要对照概算造价，用金额和百分率进行分析并说明是节约还是超支。

（2）资金来源及运用等财务分析。主要包括工程价款结算、会计账务的处理、财产物资情况及债权债务的清偿情况。

（3）基本建设收入、投资包干结余、竣工结余资金的上交分配情况。通过对基本建设投资包干情况的分析，说明投资包干数、实际支用数和节约额、投资包干节余的有机构成和包干节余的分配情况。

（4）各项经济技术指标的分析。概算执行情况分析，即将实际投资完成额与概算进行对比分析；新增生产能力的效益分析，即说明支付使用财产占总投资额的比例、占支付使用财产的比例，不增加固定资产的造价占投资总额的比例，分析有机构成和成果。

（5）工程建设的经验、项目管理和财务管理工作，以及竣工财务决算中有待解决的问题。

（6）需要说明的其他事项。

2. 竣工财务决算报表

竣工财务决算报表要根据大、中型建设项目和小型建设项目分别制定。大、中型建设项目竣工财务决算报表包括：竣工财务决算审批表，大、中型建设项目概况表，竣工财务决算表，大、中型建设项目交付使用资产总表；小型建设项目竣工财务决算报表包括：竣工财务决算审批表、竣工财务决算总表、小型建设项目交付使用资产明细表。

3. 竣工工程平面示意图

竣工工程平面示意图是真实地记录各种地上、地下建筑物及构筑物等情况的技术文件，是建筑工程进行交工验收、维护改建和扩建的依据，是国家的重要技术档案。国家规定：各项新建、扩建、改建的基本建设工程，特别是基础、地下建筑、管线、结构、井巷、桥梁、隧道、港口、水坝以及设备安装等隐蔽部位，都要编制竣工图。为确保竣工图质量，必须在施工过程中（不能在竣工后）及时做好隐蔽工程检查记录，整理好设计变更文件。其具体要求如下。

（1）凡按图竣工没有变动的，由施工单位（包括总包和分包施工单位，下同）在原施工图上加盖“竣工图”标志后，即作为竣工图。

（2）凡在施工过程中，虽有一般性设计变更，但能将原施工图加以修改补充作为竣工图的，可不重新绘制，由施工单位负责在原施工图上注明修改的部分，并附以设计变更通知单和施工说明，加盖“竣工图”标志后，作为竣工图。

（3）凡结构形式改变、施工工艺改变、平面布置改变、项目改变以及有其他重大改变，不宜再在原施工图上修改、补充时，应重新绘制改变后的竣工图。由原设计原因造成的，由设计单位负责重新绘制；由施工原因造成的，由施工单位负责重新绘制；由其他原因造成的，由建设单位自行绘制或委托设计单位绘制。施工单位负责在新蓝图上加盖“竣工图”标志，并附以有关记录和说明，作为竣工图。

（4）为满足竣工验收和竣工决算需要，还应绘制反映竣工工程全部内容的工程设计平面示意图。

4. 工程造价比较分析

施工决算是综合反映竣工项目的建设成果和财务情况的总结性文件。同时在竣工决算报告中必须对控制工程造价所采取的措施、效果及其动态的变化进行认真对比，总结经验教训。批准的概算是考核建筑工程造价的依据。在分析时，可先对比整个项目的总概算，然后将建筑安装工程费、设备工器具费和其他工程费用逐一与竣工决算中所提供的实际数据和相关资料及批准的概算、预算指标、实际的工程造价进行对比分析，以确定竣工项目总造价是节约还是超支，并在对比的基础上，总结先进经验，找出节约和超支的内容和原因，提出改进措施。在实际工作中，应主要分析以下内容。

（1）主要实物工程量。对于实物工程量出入比较大的情况，必须查明原因。

（2）主要材料消耗量。考核主要材料消耗量，要按照竣工决算表中所列明的三大材料实际超概算的消耗量，查明工程在哪个环节超出量最大，再进一步查明超耗的原因。

（3）考核建设单位管理费、建筑及安装工程措施费等费用的取费标准。建设单位管理费、建筑及安装工程措施费等费用的取费标准要按照国家和各地的有关规定，根据竣工财务决算报表中所列的建设单位管理费与概预算所列的建设单位管理费数额进行比较，依据规定查明是否多列或少列的费用项目，确定其节约或超支的数额，并查明原因。

（四）新增资产价值的确定

建设项目竣工投入运营后，所花费的总投资形成相应的资产。根据财务制度和企业会计准则，新增资产按资产性质可分为固定资产、流动资产、无形资产和其他资产等四大类。

1. 新增固定资产价值的确定

新增固定资产价值又称交付使用的固定资产，是建设项目竣工投产后所增加的固定资产的价值，它是以价值形态表示的固定资产投资最终成果的综合性指标。新增固定资产价值的计算是以独立发挥生产能力的单项工程为对象的。单项工程建成经有关部门验收鉴定合格，正式移交生产或使用，即应计算新增固定资产价值。一次交付生产或使用的工程，一次计算新增固定资产价值；分期分批交付生产或使用的工程，应分期分批计算新增固定资产价值。在计算时应注意以下几种情况。

(1) 对于为了提高产品质量、改善劳动条件、节约材料消耗、保护环境而建设的附属辅助工程，只要全部建成，正式验收交付使用后就要计入新增固定资产价值。

(2) 对于单项工程中不构成生产系统，但能独立发挥效益的非生产性项目，如住宅、食堂、医务所、托儿所、生活服务网点等，在建成并交付使用后，也要计入新增固定资产价值。

(3) 凡购置达到固定资产标准无须安装的设备、工器具，应在交付使用后计入新增固定资产价值。

(4) 属于新增固定资产价值的其他投资，应随同受益工程交付使用的同时一并计入。

(5) 交付使用财产的成本，应按下列内容计算。

①房屋、建筑物、管道、线路等固定资产的成本包括建筑工程成果和应分摊的待摊投资。

②动力设备和生产设备等固定资产的成本包括需要安装设备的采购成本、安装工程成本、设备基础支柱等建筑工程成本或砌筑锅炉及各种特殊炉的建筑工程成本、应分摊的待摊投资。

③运输设备及其他不需要安装的设备、工器具、家具等固定资产一般

仅计算采购成本，不计分摊的“待摊投资”。

（6）共同费用的分摊方法。新增固定资产的其他费用，如果是属于整个建设项目或两个以上单项工程的，在计算新增固定资产价值时，应在各单项工程中按比例分摊。一般情况下，建设单位管理费按建筑工程、安装工程、需安装设备价值总额作比例分摊，而土地征用费、勘察设计费等费用则按建筑工程造价分摊。

2. 新增流动资产价值的确定

流动资产是指可以在一年内或者超过一年的一个营业周期内变现或者运用的资产，包括现金及各种存款以及其他货币性资金、短期投资、存货、应收及预付款项以及其他流动资产等。

（1）货币性资金。货币性资金是指现金、各种银行存款及其他货币资金，其中现金是指企业的库存现金，包括企业内部各部门用于周转使用的备用金；各种银行存款是指企业的各种不同类型的银行存款；其他货币资金是指除现金和银行存款以外的其他货币资金，根据实际入账价值核定。

（2）应收及预付款项。应收账款是指企业因销售商品、提供劳务等应向购货单位或受益单位收取的款项；预付款项是指企业按照购货合同预付给供货单位的购货定金或部分货款。应收及预付款项包括应收票据、应收款项、其他应收款、预付货款和待摊费用。一般情况下，应收及预付款项按企业销售商品、产品或提供劳务时的实际成交金额入账核算。

（3）短期投资。短期投资包括股票、债券和基金。股票和债券根据是否可以上市流通分别采用市场法和收益法确定其价值。

（4）存货。存货是指企业的库存材料、在产品、产成品等。各种存货应当按照取得时的实际成本计价。存货的形成主要有外购和自制两个途径。外购的存货按照买价加运输费、装卸费、保险费、途中合理损耗、入库前加工、整理及挑选费用以及缴纳的税金等计价；自制的存货按照制造过程中的各项实际支出计价。

3. 新增无形资产价值的确定

无形资产是指企业长期持有但没有实物形态的资产。根据我国颁布的《资产评估准则——无形资产》规定，我国作为评估对象的无形资产通常包括专利权、非专利技术、生产许可证、特许经营权、租赁权、土地使用权、矿产资源勘探权和采矿权、商标权、版权、计算机软件及商誉等。

(1) 无形资产的计价原则。

①投资者将无形资产作为资本金或者合作条件投入时，按评估确认或合同协议约定的金额计价。

②购入的无形资产按照实际支付的价款计价。

③企业自创并依法申请取得的，按开发过程中的实际支出计价。

④企业接受捐赠的无形资产按照发票账单所载金额或者同类无形资产市场价作价。

⑤无形资产计价入账后，应在其有效使用期内分期摊销，即企业为无形资产支出的费用应在无形资产的有效期内得到及时补偿。

(2) 无形资产的计价方法。

①专利权的计价。专利权分为自创和外购两类。自创专利权的价值为开发过程中的实际支出，主要包括专利的研制成本和交易成本。研制成本包括直接成本和间接成本。直接成本是指研制过程中直接投入发生的费用，主要包括材料费、工资费、专用设备费、资料费、咨询鉴定费、协作费、培训费和差旅费等；间接成本是指与研制开发有关的费用，主要包括管理费、非专用设备折旧费、应分摊的公共费及能源费。交易成本是指交易过程中的费用支出，主要包括技术服务费、交易过程中的差旅费及管理费、手续费、税金。由于专利权是具有独占性并能带来超额利润的生产要素，因此，专利权转让价格不按照成本估价，而是按照其所能带来的超额收益计价。

②非专利技术的计价。非专利技术具有使用价值和价值，使用价值是非专利技术本身应具有的，非专利技术的价值在于非专利技术的使用所能产生的超额获利能力，应在研究分析其直接和间接获利能力的基础上，准确计算出其价值。如果非专利技术是自创的，一般不作为无形资产入账，自创过程中发生的费用，按当期费用处理。对于外购非专利技术，应由法定评估机构确认后再进行估价，其往往根据能产生的收益采用收益法进行估价。

③商标权的计价。如果商标权是自创的，一般不作为无形资产入账，而将商标设计、制作、注册、广告宣传等发生的费用直接作为销售费用计入当期损益。只有当企业购入或转让商标时，才需要对商标权计价。商标权的计价一般根据许可方新增的收益确定。

④土地使用权的计价。根据取得土地使用权的方式不同，土地使用权可有以下几种计价方式：当建设单位向土地管理部门申请土地使用权并为之支付一笔出让金时，土地使用权作为无形资产核算；如果建设单位获得土地使用权的方式是行政划拨，这时土地使用权就不能作为无形资产核算，只有将土地使用权有偿转让、出租、抵押、作价入股和投资，按规定补交土地出让价款时，才作为无形资产核算。

三、保修费用的确定

(一) 保修费用的含义

保修是指施工单位按照国家或行业现行的有关技术标准、设计文件以及合同中对质量的要求，对已竣工验收的建筑工程在规定的保修期限内进行维修返工。保修费用应按合同和有关规定合理确定和控制。保修费用一般可参照建筑安装工程造价的确定程序和方法计算，也可以按照建筑安装工程或承包工程合同价的一定比例计算。

(二) 保修的范围和最低保修期限

1. 保修的范围

在正常使用条件下，建筑工程的保修范围应包括地基基础工程、主体结构工程、屋面防水工程和其他土建工程以及电气管线、上下水管线的安装工程，供热、供冷系统工程等项目。属于保修范围的问题有以下几类。

(1) 屋面、地下室、外墙阳台、卫生间、厨房等处的渗水、漏水问题。

(2) 各种通水管道 (如自来水、热水、污水、雨水等) 的漏水问题，各种气体管道的漏气问题，通气孔和烟道的堵塞问题。

(3) 水泥地面有较大面积空鼓、裂缝或起砂问题。

(4) 内墙抹灰有较大面积起泡、脱落或墙面浆活起碱脱皮问题，外墙粉刷自动脱落问题。

(5) 暖气管线安装不妥，出现局部不热、管线接口处漏水等问题。

(6) 影响工程使用的地基基础、主体结构等存在质量问题。

(7) 其他由于施工不良而造成的无法使用或不能正常发挥使用功能的

工程部位。由于用户使用不当而造成建筑功能不良或损坏者，不属于保修范围。

2. 保修的期限

保修的期限应当按照保证建筑物合理寿命内正常使用，维护使用者合法权益的原则确定。具体的保修范围和最低保修期限由国务院规定。国务院《建设工程质量管理条例》第四十条规定如下。

（1）基础设施工程、房屋建筑的地基基础工程和主体结构工程，为设计文件规定的该工程的合理使用年限。

（2）屋面防水工程、有防水要求的卫生间、房间和外墙面的防渗漏，为5年。

（3）供热与供冷系统，为2个采暖期、供冷期。

（4）电气管线、给排水管道、设备安装和装修工程，为2年。

其他项目的保修期限由承发包双方在合同中约定。建设工程的保修期自竣工验收合格之日算起。

（三）保修费用的处理

根据《中华人民共和国建筑法》的规定，在保修费用的处理问题上，必须根据修理项目的性质、内容以及检查修理等多种因素的实际情况区别保修责任的承担问题。对于保修的经济责任的确定，应当由有关责任方承担，由发包人和承包人共同商定经济处理办法。

1. 勘察、设计原因造成的保修费用处理

勘察、设计原因造成质量缺陷的，由勘察、设计单位负责并承担经济责任，由施工单位负责维修或处理。根据《中华人民共和国民法典》的规定，勘察、设计的质量不符合要求的，勘察、设计人应当继续完成勘察、设计，减收或免收勘察、设计费并赔偿损失。

2. 施工原因造成的保修费用处理

施工单位未按国家有关规范、标准和设计要求施工，造成质量缺陷的，由施工单位负责无偿返修并承担经济责任。

3. 设备、材料、构配件不合格造成的保修费用处理

因设备、建筑材料、构配件质量不合格引起的质量缺陷，属于施工单

位采购的或经其验收同意的，由施工单位承担经济责任；属于建设单位采购的，由建设单位承担经济责任。至于施工单位、建设单位与设备、材料、构配件单位或部门之间的经济责任，应按其设备、材料、构配件的采购供应合同处理。

4. 用户使用原因造成的保修费用处理

因用户使用不当造成的质量缺陷，由用户自行负责。

5. 不可抗力原因造成的保修费用处理

因地震、洪水、台风等不可抗力造成的质量问题，施工单位和设计单位都不承担经济责任，由建设单位负责处理。

竣工决算是建筑工程经济效益的全面反映，也是考核投资控制、积累技术经济资料、总结分析建设过程的经验教训、提高工程造价管理水平的重要手段。做好竣工决算对于项目法人核定各类新增资产价值、办理固定资产交付使用手续能起到积极的作用。

第三章　工程项目融资与特许权

第一节　工程项目融资

一、工程项目融资的特点

（一）工程项目融资与传统融资方式的区别

通过融资为项目筹集资金的方式很多，其中投资者自筹和银行贷款一直是工程项目融资的主要方式。但是，经济发展的实践对资金的多样化需求已经远远超出银行信贷资金的供给能力，资金供应方式正在逐渐多样化。

1. 工程项目融资与传统贷款方式的区别

传统贷款的对象以贷款单位为主，工程项目融资的对象以工程项目为主。

在传统贷款方式下，贷款银行注重项目投资者（借款人）本身的信用，将资金贷给项目投资者并要求其提供担保，因而项目投资者除了以项目收益偿还贷款外，有时还必须以其他经营收入或资产来偿还贷款本息，但贷款银行一般不参与借款人的日常经营管理。

在工程项目融资方式下，通常是项目投资者以股东身份组建项目公司，银行直接贷款给项目公司，偿还贷款本息的责任由项目公司而非项目投资者承担。项目的投融资风险由项目的参与各方（包括贷款银行）共同承担，项目投资者的风险仅限于其在项目中的投资额，因而，贷款银行以参与者的身份可以派自己的项目管理专家参与项目公司的日常管理工作，协助控制和管理项目风险，并通过专设的保管账户监控现金流量的进出，以实现稳定的现金流量和收入，直至其贷款本息基本偿清为止。

2. 工程项目融资与传统企业融资的区别

（1）融资的出发点不同。工程项目融资以融资建设一个具体的项目或收购一个已有的项目为出发点，以项目为导向；企业融资则以一个企业的投资和资金运动需要为出发点，可以是一个项目，也可以是一个经营事项。

(2) 资金使用的关注点不同。在工程项目融资中，项目债务资金提供者主要关心项目本身的经济强度、效益前景、战略地位等，因为工程项目融资中项目债务资金的偿还依赖项目本身的资产价值和项目预期净现金流量。而在传统企业融资中，项目债务资金提供者主要关心企业资信、偿债能力、获利能力和企业管理部门的经营管理能力。

(3) 工程项目融资比传统企业融资需要更大、更集中的资金量以及更长的占用周期，在资金使用过程中会面临着更多的不确定因素。与传统企业融资方式相比，工程项目融资方式更为复杂，这种复杂形式可以实现传统企业融资方式实现不了的某种目标。特别是有限追索条款的安排，保证了项目失败时不至于危及项目投资者其他财产的安全；另外，在政府的建设项目中，对于“看好”的大型建设项目，政府可以通过灵活多样的融资方式来处理债务可能对政府预算的负面影响；对于跨国公司进行海外投资的项目，特别是对没有经营控制权的公司或投资于风险较大的国家或地区，可以有效地将公司其他业务与项目风险剥离，进而限制项目风险或国家风险。

(二) 工程项目融资的基本特点

工程项目融资的基本特点可以归纳为以下几个方面。

1. 以项目为导向

工程项目融资，顾名思义，是以项目为主体安排的融资。一个工程项目主要依赖项目的现金流量和资产，而不是依赖项目的投资者或发起人的资信。贷款银行在工程项目融资中主要关注项目在贷款期间能够产生多少现金流量用于还款，贷款的数量、融资成本的高低以及融资结构的设计都是与项目的预期现金流量和资产价值直接联系在一起的。

由于以项目为导向，投资者很难借到的资金，则可以利用项目来安排；投资者很难得到的担保条件，则可以通过组织工程项目融资来实现。因而，采用工程项目融资一般可以获得较高的贷款比例，根据项目经济强度的状况，通常可以为项目提供 60% ~ 75% 的资本需求量，在某些项目中甚至可以达到 100% 的融资。进一步来看，由于以项目为导向，工程项目融资的贷款期限可以根据项目的具体需要和项目的经济生命周期来安排，贷款期限可以比一般商业贷款长，有的项目贷款期限甚至可以长达20年之久。

2. 有限追索

追索是指在借款人未按期偿还债务时，贷款人要求借款人以除抵押资产之外的其他资产偿还债务的权利。在某种意义上，贷款人对项目借款人的追索形式和程度是区分融资是属于工程项目融资还是属于传统融资的一个重要标志。对于后者，贷款人为项目借款人提供的是完全追索形式的贷款，即贷款人更主要依赖借款人自身的资信情况，而不是项目的经济强度；而前者的贷款人可以在贷款的某个特定阶段（如项目的建设期和试生产期）对项目借款人实行追索，或者在规定的范围内（这种规定的范围包括金额和形式的限制）对项目借款人实行追索。除此之外，无论项目出现任何问题，贷款人均不能追索到项目借款人除该项目资产、现金流量以及所承担的义务之外的任何形式的财产。

有限追索融资的特例是“无追索”融资，即融资百分之百地依赖项目的经济强度，在融资的任何阶段，贷款人均不能追索到项目借款人除项目之外的资产。然而，在实际工作中很难形成这样的融资结构。

有限追索融资的实质是由于项目本身的经济强度还不足以支撑一个“无追索”的结构，因而还需要项目的借款人在项目的特定阶段提供一定形式的信用支持。追索的程度则是根据项目的性质，现金流量的强度和可预测性，项目借款人在这个产业部门中的经验、信誉以及管理能力，借贷双方对未来风险的分担方式等多方面的综合因素，通过谈判确定的。就一个具体项目而言，由于在不同阶段项目风险程度及表现形式会发生变化，因而贷款人对追索的要求也会随之调整。例如，贷款人通常会要求项目借款人承担项目建设期的全部或大部分风险，而在项目进入正常生产阶段之后，则同意只将追索局限于项目资产及项目的现金流量范围内。

3. 风险分担原则

为了实现工程项目融资的有限追索，对于与项目有关的各种风险要素，需要以某种形式在项目投资者（借款人）和与项目开发有直接或间接利益关系的其他参与者及贷款人之间进行分担。一个成功的项目融资结构应该是在项目中没有任何一方单独承担全部项目债务的风险责任。在组织工程项目融资的过程中，项目借款人应该学会识别和分析项目的各种风险因素，确定自己、贷款人以及其他参与者所能承受风险的最大能力及可能性，充分利用与项目有关的一切可以利用的优势，设计出对投资者具有最低追索权利的融资结构。一旦融资结构建立起来，各方都要做好承担风险的准备。

4. 非公司负债型融资

工程项目融资通过对其投资结构和融资结构的设计，可以帮助投资者（借款人）将贷款安排成一种非公司负债型的融资。

公司的资产负债表是反映一个公司在特定日期财务状况的会计报表，所提供的主要财务信息包括公司所掌握的资源、所承担的债务、偿债能力、股东在公司里所持有的权益以及公司未来的财务状况变化趋向。非公司负债型融资，也称为资产负债表之外的融资，是指项目的债务不表现在项目投资者（实际借款人）的公司资产负债表“负债”栏中的一种融资形式。这种债务只以某种说明的形式反映在公司资产负债表的注释中。

根据工程项目融资的风险分担原则，贷款人对项目的债务追索权主要被限制在项目公司的资产和现金流量方面，项目投资者（借款人）所承担的是有限责任，因而有条件使融资被安排成一种不需要进入项目投资者（借款人）资产负债表的贷款形式。

非公司负债型融资对于项目投资者的价值，在于使这些公司有可能以有限的财力从事更多的投资，同时将投资的风险分散和限制在更多的项目之中。一个公司在从事超过自身资产规模的项目投资，或者同时进行几个较大的项目开发时，这种融资方式的价值就会充分体现出来。大型工程项目一般建设周期和投资回收周期都比较长，对于项目的投资者而言，如果这种项目的贷款安排全部反映在公司的资产负债表上，很有可能造成公司的资产负债比例失衡，超出银行通常所能接受的安全警戒线，并且这种状况在很长的一段时间内可能无法得到改善，从而使得公司无法筹措新的资金，未来的发展能力受限。采用非公司负债型的工程项目融资则可以避免这一问题。工程项目融资这一特点的重要性过去并没有被我国企业完全理解和接受。但是，随着国内市场逐渐与国际市场接轨，对于国内公司，特别是以在国际资金市场融资作为主要资金来源的公司，这一特点将变得越来越重要和有价值。具有比较好的资产负债比例的企业，在筹集资金和企业资信等级评定方面会有更强的竞争力。

5. 信用支持多样化

在工程项目融资中，支持贷款的信用结构的安排是灵活多样的，一个成功的工程项目融资，可以将贷款的信用支持分配到与项目有关的各个方面。典型的做法包括：在市场方面，可以要求对项目产品感兴趣的购买者提供一种长期购买合同作为融资的信用支持（这种信用支持所能起到的作用取决于合同的形式和购买者的资信）。资源性项目的开发受国际市场的需求、价格变动的影响很大，能否获得一个稳定的、合乎贷款银行要求的项目产品长期销售合同，往往成为公司能否成功组织工程项目融资的关键。在工程建设方面，为了减少风险，可以要求工程承包公司提供固定价格、固定工期的合同或"交钥匙"工程合同，可以要求项目设计者提供工程技术保证等。在原材料和能源供应方面，可以要求供应方在保证供应的同时，在定价上根据项目产品的价格变化设计一定的浮动价格公式，保证项目的最低收益。以上做法都可以作为工程项目融资强有力的信用支持，以提高项目的债务承受能力，减少融资对投资者（借款人）资信和其他资产的依赖程度。

例如，占世界钻石产量1/3的澳大利亚阿盖尔钻石矿（Argyle Diamond Mine）在开发初期，其中的一个投资者澳大利亚的阿施敦矿业公司（Ashton Mining Limited）准备采用工程项目融资的方式筹集所需要的建设资金。由于参与融资的银团对钻石的市场价格和销路没有把握，筹资工作迟迟难以完成。但是，当阿施敦矿业与总部设在伦敦的历史悠久的中央钻石销售组织签订了长期包销协定之后，很快就顺利完成了工程项目融资，这是因为该组织世界一流的销售能力和良好信誉提升了阿施敦矿业公司在与银团谈判中的地位。

6. 融资成本较高

与传统的融资方式比较，工程项目融资存在的一个主要问题是筹资成本相对较高，组织融资所需要的时间较长。工程项目融资涉及面广、结构复杂，需要做好有关风险分担、税收结构、资产抵押等的一系列技术性工作，筹资文件比一般公司融资往往要多出几倍，需要几十个甚至上百个法律文件才能解决问题。这就必然造成两方面的后果。

第一，组织工程项目融资花费的时间要长一些，通常从开始准备到完成整个融资计划需要 3 ~ 6 个月的时间（贷款金额大小和融资结构复杂程度是决定安排融资时间长短的重要因素），有些大型工程项目融资甚至可以拖上几年。这就要求所有参加这一工作的部门都要有足够的耐心和合作精神。

第二，工程项目融资的大量前期工作和有限追索性质导致融资的成本要比传统融资方式高。融资成本包括融资的前期费用和利息成本两个部分。

融资的前期费用与项目的规模有直接关系，一般占贷款金额的 0.5% ~ 2%，项目规模越小，前期费用所占融资总额的比例就越大。工程项目融资的利息成本一般要高出同等条件公司贷款的 0.3% ~ 1.5%，其增加幅度与贷款银行在融资结构中承担的风险以及对项目投资者（借款人）的追索程度是密切相关的。当然，这也不是绝对的。国外的一些案例表明，如果在一个项目中有几个投资者共同组织工程项目融资，合理的融资结构和实力较强合作伙伴在管理、技术或市场等方面的优势可以提高项目的经济强度，从而降低较弱合作伙伴的相对融资成本。

工程项目融资的这一特点限制了其使用范围。在实际运作中，除了需要分析工程项目融资的优势之外，也必须考虑工程项目融资的规模经济效益问题。

7. 可以利用税务优势

充分利用税务优势降低融资成本，提高项目的综合收益率和偿债能力，是工程项目融资的一个重要特点。这一问题贯穿于工程项目融资的各个阶段、各个组成部分的设计之中。充分利用税务优势，是指在项目所在国法律允许的范围内，通过精心设计的投资结构、融资模式，将所在国政府对投资的税务鼓励政策在项目参与各方中最大限度地加以分配和利用，以此降低筹资成本、提高项目的偿债能力。这些税务政策随国家、地区的不同而变化，通常包括加速折旧、利息成本、投资优惠以及其他费用的抵税法规等。

二、工程项目融资的结构体系与设计

（一）工程项目融资的结构体系

工程项目融资由四个基本模块组成：项目的投资结构、项目的融资结构、项目的资金结构和项目的信用保证结构。工程项目融资的四个模块不是孤立的，它们之间相互联系、相互影响。在进行工程项目融资的设计时，应把这四个模块综合在一起考虑。

简单来说，投资结构确定了项目投资者与项目资产之间的法律关系，合理的投资结构能够较好地满足不同投资者的要求，为项目平稳运作提供组织保证。融资结构主要是指工程项目融资模式的选择，是工程项目融资结构设计的核心，项目的其他结构都将围绕此结构展开。资金结构是指权益资本与债务资本的比例关系及其来源渠道。通常，工程项目融资中发起人的投入只占总投资的一小部分，其余资金需要通过可能的融资渠道进行融资，而不同渠道的资金成本、风险及期限都是不一样的，因此需要对融资渠道有很好的认识。而资本结构的确定可能会对融资及项目未来的运作产生影响。由于工程项目融资的有限追索特点，除了项目本身的经济强度之外，项目的信用保证结构有助于降低相关投资者的风险，进而增加项目的吸引力。

1. 项目的投资结构

项目的投资结构即项目的资产所有权结构，是指项目的投资者对项目资产权益的法律拥有形式及项目投资者之间（如果项目有一个以上的投资者）的法律合作关系。

采用不同的项目投资结构，投资者对其资产的拥有形式，对项目产品、项目现金流量的控制程度以及投资者在项目中所承担的债务责任和所涉及的税务结构都会有很大的差异。在投资决策分析中，确定投资结构需要考虑的因素包括项目的产权责任、产品分配形式、决策程序、债务责任、现金流量、税务结构和会计处理等。为了满足投资者对项目投融资的具体要求，首先就要在项目所在国法律、法规许可的范围内设计安排符合这种投融资要求的目标投资结构。

目前，国际上工程项目融资通常采用的投资结构有：单一项目子公司、非限制性子公司、代理公司、公司型合资结构、合伙制和有限合伙制结构、信托基金结构、非公司型合资结构。具体采用哪种投资结构，完全取决于该项目本身的融资要求和融资数额。在这一方面，可以根据项目的具体情况、投资者投资愿望的迫切程度以及对控制权的要求程度予以协商确认。

2. 项目的融资结构

融资结构是工程项目融资的核心部分。融资结构的设计是为了实现项目投资者在融资方面的目标要求。一旦项目的投资者在确定投资结构问题上达成一致意见，接下来的重要工作就是设计和选择合适的融资结构，以实现投资者在融资方面的目标要求。

设计项目的融资结构是一项很复杂的工作，通常由投资者聘请的融资顾问（通常是投资银行）来担任。工程项目融资包括投资者直接融资、通过单一项目公司融资、利用“设施使用协议”型公司融资、生产贷款、杠杆租赁和 BOT 融资模式等多种方式。融资结构的设计可以按照投资者的要求，对几种方式进行组合、取舍、拼装，再结合具体项目的资金使用要求，通过时间配比、风险配比、成本配比实现预期目标。因为对于一个通过工程项目融资方式设立的工程项目，其建设资金主要就是通过融资方式获取的，只有少量资金依靠项目资本金来解决。

具体采用哪种融资结构，国际上并没有通行的标准，往往根据项目的性质、背景以及项目投资者的战略考虑进行选择。不管项目的融资结构如何复杂，在设计工程项目融资结构时，总包含着一些具有共性的问题，并存在一些基本的结构特征。

3. 项目的资金结构

项目的资金结构设计用于决定在项目中股本资金、准股本资金和债务资金的形式、比例关系以及相应的来源。资金结构是由投资结构和融资结构决定的，但其反过来又会影响融资结构的设计。

项目的资金结构主要包括债务资金与权益资金的比例、资金的期限结构、资金的货币结构和债务资金的利率结构等方面。针对不同的工程项目，要设计出最佳的资金结构以满足项目建设各方的需要，针对同一个项目，选择不同的融资结构和资金结构，最终得到的结果可能会有相当大的差别。

工程项目融资重点解决的是项目的债务资金问题，然而，在整个结构中也需要适当数量和适当形式的股本资金和准股本资金作为结构的信用支持。工程项目融资经常采用的债务形式有商业贷款、银团贷款（辛迪加贷款）、商业票据、欧洲债券、政府出口信贷和融资租赁等方式。

工程项目融资可以采取灵活多样的资金结构。确定资金结构的基本原则是在不会因为借债过多而损害项目经济强度的前提下，尽可能地降低项目的资金成本。只要融资成功，不影响项目的经济强度，选择什么样的资金结构都是被允许的。科学合理的资金结构，既能满足投资者对资金的需求，保证项目的顺利实施，又能保证项目的现金流量，使项目取得预期的经济效益。

4. 项目的信用保证结构

工程项目融资的根本特征体现在项目风险的分担方面，而项目担保正是实现项目风险分担的关键。由于工程项目融资的长期性，风险的合理分配和严格管理是项目成功的关键，也是项目各参与方谈判的核心问题，他们都试图寻找更多的信用保证方式以化解或规避风险。对于银行和其他债权人而言，工程项目融资的安全性，一方面来自项目本身的经济强度，另一方面来自项目之外的各种直接或间接的担保。这些担保可以是由项目的投资者提供的，也可以是由与项目有直接或间接利益关系的其他方面提供的。这些担保可以是直接的财务保证，如完工担保、成本超支担保、不可预见费用担保；也可以是间接的或非财务性的担保，如长期购买项目产品的协议、技术服务协议，以某种定价公式为基础的长期供货协议等。这些担保形式的组合就是项目的信用保证结构。项目本身的经济强度与信用保证结构相辅相成，项目的经济强度高，信用保证结构就相对简单，条件就相对宽松；反之，就相对复杂和严格。

在工程项目融资中，充当项目担保的担保人主要有项目发起人、与项目利益有关的第三方和商业担保人三类。对于提供资金而又不愿意较深介入项目的发起人而言，提供项目担保是一种较普遍的形式。通常作为第三方担保人的有工程承包公司、供应商、产品购买者或用户、世界银行、地区开发银行、多边担保机构等国际性金融机构。它们一般不愿意在工程项目融资中承担直接的无条件担保责任，所以提供的担保多为有限责任的间接担保。商业担保人以提供担保为一种盈利手段，承担项目的风险并收取担保服务费用，他们通过分散化经营来降低自己的风险。商业银行、保险公司和其他一些专业商业担保机构是主要的商业担保人。

（二）工程项目融资整体结构设计

工程项目融资结构设计之复杂、所涉及部门之多、法律和经济关系之多样，是迄今为止其他项目投资方式所无法比拟的，不能简单地将其理解为独立完成各个基本模块的设计之后的简单组合，其实际过程是通过投资者之间，投资者与贷款银行之间，投资者和贷款银行与项目产品的下游消费者、生产设备的供应商、能源及原材料供应商以及与政府有关部门、税务机构等多方面之间的反复谈判，完成融资的模块设计和确定模块相互之间的组合关系。这个过程需要经过多次反复，通过对不同方案的比较、选择、调整，最后产生一个最佳方案。

对其中任何一个模块做设计上的调整，都有可能影响到其他模块的结构设计以及相互之间的组合关系。因此，对于在这一领域工作的人来说，每一个完成的工程项目融资结构都是一件由其组织者精心设计的艺术品，在原则框架的基础上，每一个结构都带有自己的创造性。

然而，无论结构多么复杂，工程项目融资的一些基本原则和特点都是必须遵循和保留的，其中包括有限追索、风险分担、信用支持多样化和充分利用税务优势降低融资成本等。一个企业如果准备采用工程项目融资的方式为项目开发进行融资，首先应该做的工作是广泛地调查在不同工业部门中已经成功使用过的工程项目融资结构和方法，对各种工程项目融资结构加以分析和比较。

许多工业部门，如石油工业、采矿业、有色金属工业，多年来已经成功运用了多种不同的工程项目融资结构，积累了许多经验。虽然在一个工业部门中应用过的融资结构并不一定可以照搬到另一个工业部门，但是至少可以启发思路，帮助设计出既符合投资者要求又适应项目特点的新的融资结构。同样，虽然不同国家在政治制度、法律制度、银行制度等方面有所差别，但是在一个国家取得成功的融资结构对设计另一个国家的工程项目融资也是很有启发的。对于我国企业来说，若要通过工程项目融资方式筹集资金，在学习、掌握工程项目融资的基本概念、原则、结构和分析方法的基础上，还必须认真研究分析目前国际上成功的工程项目融资案例。这样，在开展国内、国外的投资业务时，特别是在开发一些大型、回收周期长、资本密集的工业、能源、矿山和基础设施项目时，就可以抓住问题的要害，根据自己的目标要求设计融资结构，有效地保护投资者的利益。

三、工程项目融资实施的基本阶段

(一) 投资决策分析阶段

从严格意义上讲，这一阶段也可以不属于工程项目融资所包括的范围。这是因为，对于任何一个投资项目，在决策者下定决心之前，都需要经过相当周密的投资决策分析，包括对国家宏观经济形势的判断、项目所处产业部门的发展前景、项目在产业部门中的地位和竞争状况以及项目的可行性研究等内容。

然而，一旦作出投资决策，接下来的一个重要工作就是要确定项目的投资结构。项目投资结构的确定与将要选择的融资结构和资金来源有着密切关系。同时，在很多情况下，项目投资决策也是与项目能否融资以及如何融资紧密联系在一起的。投资者在决定项目投资结构时需要考虑的因素很多，主要包括项目的产权形式、产品分配形式、决策程序、债务责任、现金流量控制等方面的内容。投资结构的选择将影响到工程项目融资的结构和资金来源的选择；反之，工程项目融资结构的设计在多数情况下也会对投资结构的安排作出调整。

(二) 融资决策分析阶段

在这个阶段，项目投资者将决定采用何种融资方式为项目开发筹集资金。是否采用项目融资，取决于投资者对债务责任分担的要求、贷款资金数量及时间要求、融资费用要求等的综合评价。

如果决定采用工程项目融资作为筹资手段，投资者就需要选择和任命融资顾问，来研究和设计项目的融资结构。有时，项目的投资者自己也无法明确判断采取何种融资方式较好，在这种情况下，投资者可以聘请融资顾问对项目的融资能力以及可能的融资方案做出分析和比较，等获得一定的信息反馈后，再作项目的融资决策。

(三) 融资结构分析阶段

设计工程项目融资结构的一个重要步骤是完成对项目风险的分析和评

估。如前所述，工程项目融资的信用结构的基础是由项目本身的经济强度以及与之有关的各个利益主体与项目的契约关系和信用保证构成的。因此，能否采用以及如何设计工程项目融资结构的关键点之一，就是要求工程项目融资顾问和项目投资者一起对与项目有关的风险因素进行全面的分析和判断，以确定项目的债务承受能力和风险，设计出切实可行的融资方案。工程项目融资结构以及相应的资金结构的设计和选择必须全面反映投资者的融资战略要求。

（四）融资谈判阶段

在初步确定工程项目融资的方案之后，融资顾问将有选择地向商业银行或其他一些金融机构发出参加工程项目融资的建议书，组织贷款银团，着手起草工程项目融资的有关文件。这一阶段会经过多次反复，在与银团的谈判中，不仅会对有关的法律文件做出修改，在很多情况下也会涉及融资结构或资金来源的调整问题，有时甚至会对项目的投资结构及相应的法律文件做出修改，以满足贷款银团的要求。

在这一阶段，融资顾问、法律顾问与税务顾问是十分重要的。强有力的融资顾问和法律顾问可以帮助巩固项目投资者的谈判地位，保护投资者的利益，并在谈判陷入僵局时，及时、灵活地找出适当的变通办法，绕过障碍解决问题。

（五）融资执行阶段

在正式签署工程项目融资的法律文件之后，融资的组织安排工作就结束了，工程项目融资将进入执行阶段。在传统的融资方式中，一旦进入贷款的执行阶段，借贷双方的关系就变得相对简单明了，借款人只要按照贷款协议的规定提款和偿还贷款的利息和本金。

然而，在工程项目融资中，贷款银团将通过其经理人（一般由工程项目融资顾问担任），经常性地监督项目的进展，并根据融资文件的规定，参与部分项目的决策程序，管理和控制项目的贷款资金投入和部分现金流量。

贷款银团的参与可以按项目的进展划分为三个阶段：项目的建设期、试生产期和正常运行期。在项目的建设期，贷款银团经理人将经常性地监督项目的建设进展，根据资金预算和建设进度表安排贷款的提取。如果融资协议包括多种货币贷款的选择，为降低利率风险和汇率风险，银团经理人可以为项目投资者提供各种资金安排上的策略性建议。在项目的试生产期，银团经理人负责监督项目试生产情况，将实际的项目生产成本数据和技术指标与其融资文件的规定各项指标进行比较，确认项目是否达到融资文件规定的完工标准。在项目的正常运行期，项目的投资者所提供的完工担保将被解除，贷款的偿还主要依赖项目自身的现金流量，银团经理人按照融资文件的规定管理全部或一部分项目的现金流量。例如，在有些项目融资中，贷款银团要求项目公司必须建立以确保贷款偿还为核心的抵押账户系统，在还款期内，项目公司的所有资金必须全部存入抵押代理银行开立的抵押账户内，由抵押代理银行对账户内的现金流量进行长期、连续的监控，以确保债务的偿还。除此之外，银团经理人也会参与一部分项目生产的经营决策，在项目的重大决策问题（如新增资本支出、减产、停产和资产处理等）上有一定的发言权。

由于工程项目融资的债务偿还与项目的金融环境和市场环境密切相关，所以帮助项目投资者加强对项目风险的控制和管理也成为银团经理人在项目正常运行阶段的一项重要的工作。

四、工程项目融资的参与者

工程项目一般都会涉及产、供、销环节上的多个参与者。而以工程项目融资方式筹资的项目，特别是国际融资项目，不仅资金数额大、涉及面广，而且有完善的合同体系和担保体系来分担项目风险，因此这类项目的参与者更多。概括起来，工程项目融资的参与者主要包括以下几个方面：项目发起人、项目公司、项目管理公司、项目贷款银行、项目承建商、项目供应商、项目产品购买者、融资顾问、有关政府机构、保险公司、法律顾问与税务顾问等。

（一）项目发起人

项目发起人也称项目的实际投资者，是项目的股东。项目发起人通过项目的投资活动和经营活动，收回项目投资，进而获取投资利润和其他利益；通过组织工程项目融资实现项目投资的目标。

在工程项目融资结构中，项目发起人除了拥有公司全部股权或部分股权，提供一部分股本资金外，还需要以直接担保或者间接担保的形式为项目公司提供一定的信用支持。因而，项目发起人是工程项目融资中的真正借款人。项目发起人在融资中需要承担的责任和义务，需要提供的担保的性质、金额和时间要求，主要取决于项目的经济强度和贷款银行的要求，是由借贷双方通过谈判决定的。

项目发起人可以是单独一家公司，也可以是由多家公司组成的投资财团。例如，由承包商、供应商、项目产品的购买方或使用方以及政府部门等多方构成的联合体；项目投资者可以是私人公司，也可以是政府授权的机构，或者是两者的混合体。项目发起人通常仅限于发起项目，但不负责项目的建设和运营。

（二）项目公司

项目公司也称项目的直接主办人，是项目发起人为项目建设而设立的公司或合营企业，是直接参与项目投资和项目管理，直接承担项目债务责任和项目风险的法律实体。在法律层面，项目公司是一个法律实体，具有独立的法律资格，它一般由投资方组建，负责建设项目的策划、筹资、设计、建设实施、运营生产以及后期的偿还债务并承担投资风险。项目公司是项目的综合中心，是包括人力资源、财务资源和其他资源的综合集成体。一个建设项目有众多利益相关者参与，项目的成败取决于项目公司在整个项目中的组织与协调。只有通过项目公司的有效集成，项目才能顺利实施。项目的投资方以投入项目公司中的股份为限对项目进行控制，并承担有限偿债责任。这种做法的好处如下。

（1）将工程项目融资的债务风险和经营风险大部分限制在项目子公司中，项目子公司对偿还贷款承担直接责任，是实现融资责任对项目投资者有限追索的一种重要手段。

（2）根据一些国家的会计制度，成立项目公司进行融资，可以避免将有限追索的工程项目融资安排作为债务列入项目实际投资者自身的资产负债表中，实现非公司负债型融资安排，即表外融资。这样有利于减少投资者的债务危机。

(3) 对于有多国公司参加的项目来说，组建项目公司便于把项目资产的所有权集中到项目公司一家身上，而不是分散在各个投资者在世界各地所拥有的公司，便于进行管理。同时，从贷款人的角度来看，成立项目公司便于银行在项目资产上设定抵押担保等权益。

(4) 从实际操作的角度，采用项目公司具有较强的管理灵活性。项目公司可以是一个实体，即实际拥有项目管理所必需的生产技术、管理和人员条件；项目公司也可以是一个法律上拥有项目资产的公司，实际的项目运作则委托给其他富有生产管理经验的项目管理公司负责。例如，菲律宾 Pagbilao 电力项目中的 Pagbilao 发电有限公司是项目公司，但是电厂的运营和售电等均由电厂经营者负责。一般来说，此时项目公司的资金状况、工程技术能力和以往的经营历史记录，会在很大程度上影响贷款银行对项目风险的判断。项目公司架起了项目发起人和项目其他参与者之间的桥梁。

(三) 项目管理公司

项目管理公司是受项目公司委托，按照管理合同约定承担项目管理职能的服务性机构。一般来说，项目管理公司在项目决策阶段，为业主编制可行性研究报告，进行可行性分析和项目策划；在项目实施阶段，为业主提供招标代理、设计管理、采购管理、施工管理和试运行（竣工验收）等服务，代表业主对工程项目进行质量、安全、进度、费用、合同、信息等管理和控制。

由于项目公司是因项目而发起设立的，其组织架构和人员配置大多不能承担较为完整的项目管理职能，因而项目管理公司是根据项目公司的需要而设立的。项目公司根据工程监理、造价咨询、招标代理、设备监理、工程咨询等业务需要可以委托一家项目管理公司或者根据业务需要分阶段委托不同的项目管理公司协助管理项目。

(四) 项目贷款银行

贷款人在工程项目融资中主要以债权人和担保人的身份出现，为项目提供债务资金的支持或者为项目提供信用支持。一般来说，商业银行、非银行金融机构（如租赁公司、财务公司，某种类型的投资基金等）和一些国家政府的出口信贷机构都可作为项目的融资债务资金来源的贷款人，但多数贷款人往往是银行或银团。承担工程项目融资贷款责任的银行可以是一家商业银行，也可以是由十几家银行组成的贷款银团。银行参与数目主要是由贷款的规模和项目的风险两个因素决定的。例如，根据一般的经验，贷款额超过3000万美元的项目，基本上需要三家以上的银行组成银团来提供资金。但是，对于一些被认为是高风险的国家，即使是几百万美元的项目贷款，也常常需要由多家银行组成的贷款银团提供。

贷款银团通常分为安排银行、管理银行、代理银行和工程银行等。这些银行都提供贷款，但又各自承担不同的责任。安排银行负责安排融资和银团贷款，通常在贷款条件和担保文件的谈判中起主导作用。但是，相关文件将包含一段明确的声明，表示在银团贷款中的每一个贷款人都是按照自己的判断来参加银团的，不会企图要求安排银行为参与银行可能的损失负责。管理银行负责贷款项目的文件管理。管理银行的身份反映了对项目相当程度的参与，但管理银行通常不对借款人或贷款人承担任何特殊的责任。代理银行的责任是协调用款，帮助各方交流融资文件，送达通知和传递信息。代理银行同样不对贷款人的贷款决定负任何责任。工程银行的责任是监控技术实施和项目的进程，并负责项目工程师和独立的专家之间的联络。工程银行可能是代理银行或安排银行的分支机构。

银行希望通过组织贷款银团的方式减少和分散每一家银行在项目中的风险。从借款人的角度来看，通过银团融资可以提供机会与更多的银行及金融机构建立联系，增进相互了解。然而，凡事有利有弊，如果参加银团的银行过多，则会为贷款管理带来很多困难。例如，如果借款人在贷款期间希望对融资协议的某些重要条款做出修改，按照常规，要取得超过2/3的参与银行的同意，而贷款银行可能分散在若干国家，完成这样的修改是一项费时费事的工作。

选择项目贷款银行是十分重要的工作，选择的标准包括以下三个方面的内容。

(1) 选择对我国了解和友好的银行。经验证明，对于我国来说，作为项目的投资者和借款人，在组织国际银团贷款时，如果选择愿意与我国保持和发展友好经济往来关系，对我国政治经济发展、债务偿还能力及信誉充满信心的外国银行作为融资工程项目的主要贷款银行，可以获得较多的贷款优惠和较少的限制条件。进一步说，在项目进行中的某一个阶段当项目投资者提出要求修改某些不合理或限制过严的贷款条件和规定时，也容易获得银行的理解和支持。

（2）选择与项目规模适应的银行。工程项目融资贷款规模从几百万美元到几亿美元甚至几十亿美元不等，选择与项目规模相适应的银行参与，不仅可以有足够的能力承担任何一个重要部分的贷款，还可以减少谈判及管理方面的成本。

（3）选择对融资项目及所属工业部门比较熟悉的银行。如果银行对项目比较熟悉，将会对项目的风险有比较清楚的判断，从而对项目给予更多的支持。银行对项目的支持表现在工程项目融资谈判过程中的灵活方式、合作态度以及项目出现暂时性资金困难时对工程项目的帮助。工程项目融资结构的复杂性使得融资文件也非常复杂，其中包括各种担保、抵押、契约以及一系列债务比例限制等诸多内容。在谈判阶段，虽然贷款银行总是千方百计地保护自身利益，要求获得尽可能多的信用保证，但是如果采取合作的态度，就可以通过多种变通的方式来处理难题，加快融资的谈判进程，实际解决问题；在经营阶段，如果项目遇到暂时性的资金困难，采取合作态度的银行可以与项目投资者一起解决存在的问题，不会使项目陷入僵局。

（五）项目承建商

项目承建商是项目建设中最为关键的主要参与者之一。通常项目公司不会采取自行建设项目的形式，而是通过招标投标的形式，通过市场竞争机制选取合适的承建商，并与承建商签订工程项目的承建合同，将项目的建设委托给承建商。承建商根据合同规定，在规定的时间、成本和质量要求下交付项目，并对项目承担保修责任。

项目承建商的资金和设备情况、工程技术能力以及以往的施工历史记录，可以在很大程度上影响工程项目融资的贷款人对项目建设期风险的判断。在传统观念下，承建商与项目公司之间是典型的委托代理关系。相比项目公司，承建商掌握着工程建设施工的详细内容和建筑工程的实际成本，从而形成了信息的不对称分布，容易造成承建商在委托代理关系中发生“道德风险”及其“逆向选择”的行为。一般来说，如果有信用卓著的工程公司作为承建商，有较为有利的合同安排，可以帮助项目发起人减少在项目建设期间所承担的义务和责任。项目承建商可以通过与项目公司签订固定价格的一揽子承包合同，从而成为项目融资的重要信用保证者。同时，由于承建商在同贷款人、项目发起人以及各级政府机构打交道方面十分有经验，因此可以在如何进行工程项目融资方面向其业主提供十分宝贵的建议，从而成为工程项目融资中的重要参与者之一。例如，广西来宾 A 电厂项目，由法国电力集团和阿尔斯通作为承建商，其中法国电力是世界最大电力生产厂家之一，擅长运营；阿尔斯通是全球电力设备和电力传输基础设施领域的领先企业，更擅长建设和设备提供，这是电力系统的强强联合。

（六）项目供应商

供应商主要包括设备供应商与能源和原材料供应商两类，它们生产专有化的产品，为项目建设与运营提供产品。供应商具有很强的专业技术，通过细分市场或者垄断市场来获取利润，即对于技术大众化的产品，通过过硬的产品或优质服务来赢得市场，或者通过技术垄断提高产品的技术门槛，从而获取超额利润。

项目设备供应商通过延期付款或者低息优惠出口信贷的安排，可以构成项目资金的一个重要来源。许多国家在鼓励本国设备出口时采用这种做法。较为典型的是将设备供应与出口信贷捆绑在一起，这样做，一方面贷款方可以为本国企业开辟国外市场；另一方面借款方可以获得出口信贷等优惠贷款，双方都可以获得好处。

项目能源和原材料供应商为了寻求长期稳定的市场，在一定的条件下愿意以长期的优惠价格条件为项目提供能源和原材料。这种安排有助于减少项目初期以及项目经营期间的许多不确定性因素，为项目投资者安排工程项目融资提供便利条件。

（七）项目产品购买者

项目产品购买者可以在工程项目融资中发挥相当重要的作用，是构成融资信用保证的关键部分之一。项目产品购买者通过与项目公司签订长期购买合同（特别是具有“无论提货与否均需付款”和“提货与付款”性质的合同），保证了项目的市场和现金流量，为投资者对项目的贷款提供信用保证。项目产品购买者作为工程项目融资的参与者，可以直接参加工程项目融资谈判，确定项目产品的最小承购数量和价格公式。

工程项目融资中的产品购买者这一角色，一般是由项目发起人本身、对项目产品或设施有兴趣的第三方或有关政府机构（多数在交通运输、电力等基础设施项目中）承担。例如，在我国第一个 BOT 基础设施融资项目——深圳沙角 B 电厂的融资协议中有以下规定。

（1）中方——深圳特区电力开发公司必须在项目生产期间按照事先规定的价格，从项目中购买一个确定的最低数量的发电量，从而排除项目的主要市场风险。

（2）中方负责按照一个固定的价格提供项目发电所需要的全部煤炭。这个安排实际上排除了项目的能源价格、供应风险以及大部分的生产成本超支风险。

（3）广东省国际信托投资公司为中方的电力购买协议和煤炭供应协议提供担保。

（4）广东省政府需要为上述三项安排出具支持信。

（八）融资顾问

工程项目融资的组织安排工作需要由具有专门技能的人来完成。绝大多数的项目投资者缺乏这方面的经验和资源，所以需要聘请专业的融资顾问。

融资顾问在工程项目融资中扮演着极为重要的角色，在某种程度上可以说是决定工程项目融资能否成功的关键。融资顾问通常由投资银行、财务公司或者商业银行的工程项目融资部门担任。担任融资顾问的条件包括：能够准确地了解项目投资者的目标和具体要求，熟悉项目所在国的政治经济结构、投资环境、法律和税务，对项目本身以及项目所属工业部门的技术发展趋势、成本结构、投资费用有清楚的认识和分析，掌握当前金融市场的变化动向和各种新的融资手段，与主要银行和金融机构建立良好的关系，具有丰富的谈判经验和沟通技巧等。在工程项目融资的谈判过程中，融资顾问周旋于各个有关利益主体之间，通过对融资方案的反复设计、分析、比较和谈判，最终形成一个既能在最大限度上保护项目投资者利益，又能为贷款银行所接受的融资方案。

工程项目融资顾问分为两类：一类是只担任项目投资者的顾问，为其安排融资结构和贷款，自己不参加最终的贷款银团；另一类是在担任融资顾问的同时也参与贷款，作为贷款银团的成员和经理人。国际上对这两类顾问的看法有争议。一种看法认为，单纯作为投资者的融资顾问，立场独立，可以更好地代表投资者的利益；如果同时作为贷款银团的一员，则会更多地站在银行的立场，照顾贷款银团的利益。另一种看法认为，融资顾问参与贷款，可以起到一种带头作用，有利于组织银团，特别是对难度较大的工程项目融资，如果融资顾问不准备承担一定的风险，就很难说服其他银行加入贷款的行列。

融资顾问对项目管理权的控制程度也是一个需要注意的问题。在工程项目融资中，贷款银行对项目管理的发言权要比传统的融资公司大得多。在许多情况下，工程项目融资安排完成以后，融资顾问也加入贷款银行并成为其经理人，代表银行参加一定的项目管理和决策；有时也会根据银行的要求控制项目的现金流量，安排项目资金的使用，以确保从项目的收益中拨出足够的资金用于贷款偿还。虽然银行在金融业务方面是专家，但并不代表其在项目管理上也具有同样的能力。因此，项目投资者在项目管理上要注意保护自己的相对独立性，防止银行插手项目的日常管理。

（九）有关政府机构

有关政府机构有时在工程项目融资中可以起到关键作用，这些作用主要表现在微观和宏观两个层面。微观方面，有关政府机构可以为项目开发提供土地、良好的基础设施、长期稳定的能源供应以及某种形式的特许经营权，从而减少项目的建设风险和经营风险；同时，有关政府机构还可以为项目提供条件优惠的出口信贷和其他类型的贷款或贷款担保，这种贷款或贷款担保可以作为一种特殊股本资金进入项目，促进工程项目融资的完成。宏观方面，有关政府机构可以为项目建设提供一个良好的投资环境。例如，利用批准特殊外汇政策和特殊税务结构等各种优惠政策，降低项目的综合债务成本，提高项目的经济强度和可融资性。

在融资期结束后，特别是在BOT项目中，有关政府机构通常无偿地获得项目的所有权和经营权。例如，在我国的许多电力工程（广西来宾A电厂、深圳沙角B电厂、中华发电项目）项目融资中，中央政府或地方政府都为工程项目融资出具了支持信，在一定程度上消除了外方的顾虑。

（十）保险公司

需要进行融资的工程项目往往具有工期长、投资大、技术复杂、要求严格、协作单位多等特点。项目在整个生命周期内面临大量难以预料的风险，这些风险可能造成无法弥补的损失。这要求项目各参与方准确地认定自己面临的主要风险，并且及时采取应对措施来规避、控制和转移风险。适当的保险是工程项目融资的重要内容，也是工程项目融资赖以存在的基础。

保险公司作为商业机构，通过保费固定的成本最小化来实现自身利润目标。为避免各种风险的发生，保险公司往往要介入项目风险管理过程，对项目风险进行管理和控制。这是由工程项目融资的有限追索性质所决定的。因此，保险公司也是工程项目融资的主要参与者，尤其是一国官方的保险机构，如美国的海外私人投资公司、英国的出口信贷担保局、法国的对外贸易保险公司和德国的赫尔墨斯信贷保险公司等。

（十一）法律顾问与税务顾问

富有经验的法律顾问有税务顾问是项目投资者在安排工程项目融资中不可缺少的助手。工程项目融资中大量的法律文件需要有经验的法律顾问来起草和把关；同时由于工程项目融资结构要达到有限追索的目的，需要通过投资结构和融资结构的设计以降低资金的综合成本。因此，必须要由经验丰富的税务顾问来检查这些安排是否符合项目所在国的有关规定，是否存在任何潜在的问题和风险。

第二节 特许权

在政府财政和国家银行贷款大幅增长能力受到约束的条件下，应该努力寻找适合社会资本介入的融资途径，一个行之有效的方式就是推进特许权与特许权经营。特许权经营是动员社会资本参与基础设施建设的有效办法，对解决发展中国家资金短缺、投资效率低下等问题具有十分重要的意义。首先，它可以克服资金短缺，减少债务风险；其次，可以实施有效管理，提高投资效率；最后，可以扩大外资规模，调整外资结构。

一、特许权

特许权是工程项目融资中政府授予的一种特殊权利。这种特殊权利的范围包括从供应市场某种产品或服务的权利到使用某些公共资源的权利，如建设项目需要的土地、管网铺设需要的公共道路或通道、水厂需要的原水水源等。政府特许权的授予一般都要附带某些合约条款，这些合约条款可以采取政府对特许权使用者的部分或全部经营活动进行管制的形式。特许权合约构成政府实施管制的法律基础，特许权从广义上来讲是一种法律安排。具体包括以下内容。

(一) 授权法律

授权法律是政府就某一工程项目的建设、经营而专门制定的法律，它明确了发展商在专营期内对项目的建设、经营、转让所具有的法定权利和义务，为保证项目资金筹措和工程建设的顺利进行提供了基础。授权法律一般包括以下三方面内容。

1. 总则

总则主要包括制定此法律的目的、有关专用术语，如项目名称、授权者、建设期、经营期、专营期、不可抗力事件等的定义。明确这一内容是该BOT项目其他所有相关协议、条例的制定基础。

2. 授予工程项目开始的权利

授予工程项目开始的权利主要包括授予工程项目发展商独家开发项目

及相关的土地使用权，授予工程项目发展商所需的项目设备购买权和进口权，授予工程项目产品的输出权等。

3. 专营权和其他特许权

为了确保发展商在维持正常的项目投资工程外，还能够取得一定的投资回报，并确保不因这些投资回报过高而引起关注，需要授予发展商经营相关项目的专营权和其他相关的特许权。授予发展商取得回报的权利主要有以下五种。

（1）收费权。给予发展商对使用设施收费的权利，这一般适用于港口、体育场、公路、机场、隧道等项目。收费标准的确定应有一定的灵活性，能反映出经营工程项目的成本上升情况及收益货币的贬值情况。同时，收费标准的修改应建立在双方同意的基础上，任何单方面的修改都是无效的。

（2）取得项目产品的权利。对于如煤炭等矿物的开采项目，政府往往允许承包商免费或以优惠价格取得工程项目的产品，这需要在授权法律中明确这种取得产品的权利。

（3）销售项目产品的权利。对于一些有产品的项目，如水电站、大型矿山、自来水厂等，政府一般要授予发展商销售这些产品，如电力、矿产品、自来水等的权利。

关于专营权的转移，授权法律还明确规定，未经政府批准，发展商在专营期内不得将专营权出租、转让、抵押给专营合同以外的第三者。但发展商为履行授权法律规定的义务向第三者融资贷款，第三者要求其将专营权作为担保而抵押时除外。

（4）项目的建设。对于工程项目的建设，授权法律要求发展商在一定时间内完成主体项目建设，并在此之后的一定期限内完成辅助项目的建设，否则将采取不同措施。需修改计划的，发展商必须向政府说明更改理由（如不可抗力事件或其他非合作双方可控制的事件导致项目工期的延误），政府可批准更改工期计划，延长工期；对于发展商无正当理由而造成的工期延误，应由其按专营合同承担违约责任。

在工程项目建设期间，政府有权要求发展商提供工程建设的实际进度、工程承包商身份及资质证明、工程采用的设备材料及供应商情况、工程建设资金到位及使用情况等资料，并且政府有权依国家法律法规及地方规章对工程建设的质量、进度、环境等情况进行监督检查。当然，政府也有义务为发展商提供项目建设方面的方便条件，如提供配套项目的建设等。

（5）项目的经营与转让。对于工程建设，授权法律还明确规定：在经营期内，政府有权对发展商的经营管理状况进行监督检查，规定项目经营的期限、项目产品或服务应达到的标准，规定发展商在经营期间内按合同相应规定对项目设备、设施承担维修、保养、及时更新等责任。关于项目的转让，必须规定转让的范围，如项目的固定资产、流动资产、有关的工业产权及专有技术等。同时，应规定在项目正式转让前的规定期限内，发展商必须为政府安排的项目上岗人员提供技术和岗位培训，项目转让后，政府不承担在专营期间形成的任何债务。

（二）特许权协议

特许权协议是政府和项目发展商在授权法律的指导下，就项目的建设、经营和转让而签订的明确双方权利和义务的法律文件，是在保证政府应有权益的前提下，向财团法人业主授予充分权利的协议。一般情况下，特许权协议包括以下内容。

1.项目建设方面的规定

（1）设计责任。发展商要在遵守政府有关方面基本规定的基础上进行工程项目的设计工作。政府要对发展商的设计方案实施审查。如果发现该设计方案不符合合同标准，政府有权要求发展商对设计方案进行修改；如果修改后的设计方案仍不能为政府所接受，政府有权取消该方案直至终止发展商的设计权。同时，政府也应保证发展商提供的工程项目设计方案所涉及的专利权、商标、版权等知识产权不受侵犯。

（2）建设时间。特许权协议中应明确工程项目的建成时间，发展商如未能按规定的时间完成项目的建设，须支付给政府约定的赔偿金。同时，由于政府向工程提供设备有延误、政府暂时中止工程进行等原因造成的项目工期延误，发展商也不承担赔偿责任。

（3）建设责任。作为工程建设的具体实施者，发展商有权确定工程建设的承包者，决定工程项目所需材料及设备的采购。同时，政府也有权通过代理人对工程项目建设实施监督，并保持对工程变更、材料设备标准变更的审批权。如果政府认为工程建设存在安全等问题，可要求中止项目的建设，发生的费用根据中止原因的不同而由政府或发展商分别承担。

(4) 项目建成。当发展商认为建筑工程已建成，符合特许权协议的有关规定，应及时通知政府，政府在接到发展商的完工通知后，应组织对工程进行审核，审核合格后签发完工证书。如果工程项目建设出现瑕疵，则由发展商承担相应的整改责任。

(5) 工程保险。工程项目涉及的风险很多，涉及的投保人有发展商、贷款人、项目建设的总承包商、分包商、设备及材料的供应商等。投保的主要险种是：最终损失保险，即因建设施工毁损导致交工期延误而造成的财务方面损失的保险；空运海运的运输保险，即因空运海运事故造成的财产损失保险；施工全过程保险，即承保在施工现场发生的和在运输过程中发生的风险，涵盖人身及财产伤害与毁损；此外，还有为建设项目的雇用人员及机械设备损害投保的险种等。

(6) 履约保证金。为保证发展商履行其义务，政府往往要求发展商缴纳一定的履约保证金，金额一般为建筑工程造价的 10%。

(7) 政府对项目相关的土地移交责任。具体包括土地移交的时间、土地移交的相关资料等，同时明确声明政府对土地有关地质方面资料的准确性不承担责任，并规定如果在一定时间内政府不能移交项目所需土地，则发展商有权得到额外时间以完成工程，并得到对方给付的违约赔偿。

2. 发展商的财务安排及公司结构

(1) 收益及税收。特许权协议必须明确规定工程项目由发展商独立经营，可通过服务收费或销售项目产品以取得合理回报，并且应明确规定上述费用或产品销售价格的调整原则及依据。为了强化项目对发展商及贷款者的吸引力，特许权协议中还应考虑税收优惠政策。

(2) 融资。在特许权协议中，应明确贷款人所关心的问题，如贷款的担保手段、风险的种类及政府或组成发展商的财团分担风险的意愿以及政府愿为发展商提供外汇供给担保的条款。

(3) 发展商的公司结构。作为一个由多家财团组成的发展商，各财团成员之间的相互关系是通过一份股东协议规定的，特许权协议中必须规定股东协议中有关条款的制定原则，因为这将影响到该项工程计划是否可行和在经营期内能否维持下去。这些原则包括：必须规定发展商是在政府熟悉的司法制度下注册的，以便于政府对发展商进行监管，同时发展商应根据有关法律将规定所需的资料提交给政府。财团各成员必须承诺向发展商提供融资的义务，同时向政府提供发展商履行义务的担保，且保证提供融资的贷款条件为政府所认可。

二、特许权经营

（一）特许权经营的概念

特许权经营是指政府为项目的建设和经营提供特许，由民间公司或外国公司作为项目的投资者安排融资、承担风险、开发建设，并在有限的时间内经营项目以获取商业利润，最后根据协议将该项目转让给政府机构。

工程项目，尤其是基础设施类工程项目的特许权经营是指政府把应当由政府控制或需要由政府实施的基础设施项目通过特许权，在一段规定的时间内（即特许期内），由国内民营公司或外国公司作为项目的投资者和（或）经营管理者，来安排项目的融资，进行开发建设或维护，经营管理项目以获取商业利润，并承担投资和经营过程中的风险。特许期满后，根据特许权合约的规定将该项目转让给政府机构。其典型模式是适用于经营性项目的BOT模式和适用于公益性项目的PFI模式。特许权经营适用的领域包括公路、铁路、桥梁、隧道、电力、城市基础设施等多个领域。

（二）特许权经营的形式

特许权经营有多种形式，从不同的角度分析，其形式也不同。

1. 从工程项目融资建设的角度分析

从工程项目融资建设的角度分析，特许权经营主要分为三种形式：第一种是被称为BOT模式的特许权经营，是指特许权人投资修建一个新的基础设施，运营一定时期后移交给政府。国内狭义的项目特许权往往就是指BOT项目的特许权。第二种是租赁经营，也称为TOT模式，是指政府将已建成正在运营或即将开始运营的项目转移给特许权人，特许权人向政府缴纳特许权费或设施使用费，政府利用融资资金建设新的项目或用于其他公益事业。第三种是 ROT 模式，它具有租赁经营的全部特点，但特许权人首先要投资修复或改扩建已有基础设施。

2. 从项目资产形成分析

从项目资产形成分析，特许权经营分为两种形式：特许权人进行项目投资的特许权经营和特许权人不进行项目投资的特许权经营。特许权人不进行基础设施建设的大规模投资，可以为特许权的转让提供条件，有利于频繁的特许权竞争，激励特许权人提高生产和经营效率。一旦需要特许权人进行建设投资，由于要保证投资者的收益，一般需要较长的特许权期限，或在特许权移交时对投资进行合理补偿。在合约不完全或补偿制度不完善时，可能达不到激励特许权人提高效率的目的。

3. 从政府实行特许权经营的目的分析

从政府实行特许权经营的目的分析，特许权经营分为两种：以项目建设或改建的资金筹集为目的的融资型特许权经营和以改进项目生产经营效率为目的的效率型特许权经营。相较于融资型特许权经营而言，效率型特许权经营是政府管制和民营化的一种实现形式，涉及价格理论和市场竞争理论等复杂问题，强调特许权授予过程中的充分竞争，在政府管制经济学理论中，其是为自然垄断行业引入竞争的一种手段。

4. 从企业与消费者的关系分析

从企业与消费者的关系分析，特许权经营分为两种：一种是产品或服务直接面对消费者的零售式特许权经营，如电力系统的输电系统、自来水管网；另一种是产品或服务提供给政府部门或公营企业的整售式特许权经营，由政府部门或国有企业提供给消费者。在两种特许权经营方式中，企业承受的风险和市场垄断程度是不同的。

5. 从项目的收入支付资金来源分析

从项目的收入支付资金来源分析，经营性项目的收入来源主要为消费者付费，服务或产品的公共物品特性较弱，其模式主要有 BOT 模式、TOT 模式和 ROT 模式等；公益性项目的收入来源主要为政府通过财政资金支付，其模式有民间主动投资方式 PFI、管理合同和服务合同等形式。

第四章　建筑工程项目融资的模式

第一节　BOT 融资模式

一、BOT 融资模式概述

（一）BOT 融资模式的概念

BOT 融资模式（以下简称 BOT 模式）是近年来国际上逐渐兴起的一种基础设施项目的融资模式，是一种利用外资和民营资本兴建基础设施的融资模式。BOT 是英文 Build Operate Transfer（建设、经营、转让）的缩写，代表着一个完整的项目融资过程，是对一个项目投融资建设、经营回报、无偿转让的经济活动全过程典型特征的简要概括。

BOT 模式的基本思路是：由项目所在国政府或所属机构对项目的建设和经营提供一种特许权协议作为项目融资的基础，由本国公司或者外国公司作为项目的投资者和经营者安排融资、承担风险、开发建设项目，并在有限的时间内经营项目、获取商业利润，最后根据协议将该项目转让给相应的政府机构。所以有时 BOT 融资被称为“暂时私有化”（Temporary Privatization）过程，或“特许权融资”。

（二）BOT 模式的适用范围

由于 BOT 模式的实质是在政府的特许下，私营机构进行基础设施建设，并通过在运营期向设施的使用者收取费用以偿还债务并获取利润，因此 BOT 模式的适用范围需要考虑项目的特点及项目所在国经济体制的限制。一般来说，采用 BOT 模式进行建设的项目，必须是具有较强盈利能力的基础设施项目，只有项目具有较强的盈利能力才能吸引私营机构进行投资。对于盈利能力不强的项目，如果希望通过 BOT 模式进行建设，则政府要对投资财团采取其他形式的利益补偿，如给予一定的补贴或给予投资方其他的资源或经营权等。由于 BOT 模式的核心是由私营机构运营基础设施，因此只有在国家的经济体制允许私营化的领域，才可能通过 BOT 模式进行建设。由于各个国家的经济体制、基础设施建设和运营方式不同，发达国家和发展中国家 BOT 模式的适用范围也有所不同。

（1）在发达国家，各类经济法规健全、政策透明度高、市场竞争有序，为 BOT 模式提供了良好的外部环境，BOT 模式已成为基础设施私有化的有效方式之一，并且得到成功的实施。在发达国家，BOT 模式的应用领域一般比较广泛，其应用范围包括：公共设施项目（如电力、电信、自来水、排污、医院等）、公共工程项目（如大坝、水库、仓库等）、交通设施项目（如公路、铁路、桥梁、隧道、港口、机场等）。

（2）在发展中国家，应用 BOT 模式往往是为了解决资金短缺问题，而且受自身投资环境的限制较多。对于特定的项目，在项目产品价格可接受的情况下，可以采用 BOT 模式进行建设，如电力项目、收费公路项目等；某些类型的项目（如水厂、地铁等）若采用 BOT 模式，则必须进行认真的项目规划和论证，以保证在基础设施建设和运营过程中，既能够使投资方适度获利，又有利于公共利益的保护。

一般来说，BOT 模式适用于竞争性不强的行业或有稳定收益的项目，如水厂、电厂、收费公路（传统上由政府公共部门专营的基础设施项目）。

（三）BOT 模式的优缺点分析

BOT 模式通常运用于社会性很强的基础设施建设项目中，采用 BOT 模式进行建设的基础设施项目包括道路、桥梁、轻轨、隧道、铁路、地铁、水利、发电厂和水厂等。在 BOT 项目特许期内，项目生产的产品或提供的服务（如自来水、电等）既有可能销售给国有单位，也有可能直接向最终使用者收取费用（如交纳通行费、服务费等）。与传统的承包模式相比，BOT 模式的优点主要体现在以下方面。

一是能减少政府的直接财政负担，减轻政府的借款负债义务。在 BOT 项目中，所有的项目融资负债责任都被转移给项目发起人，政府无须保证或承诺支付项目的借款，从而也不会影响东道国政府和发起人为其他项目融资的信用，避免了政府的债务风险，政府可将原来这些方面的资金转用于其他项目的投资与开发。

二是有利于转移和降低风险。在BOT项目中，政府除了为项目提供必要的条件和少量的保证外，不对项目的筹资行为和项目的运营具有其他强制性的义务，因此也就将项目的建设阶段和运营阶段的风险转移给了私营机构，私营机构必须通过严密的合同体系、担保体系来分配和处理各种风险。

三是有利于提高项目的运行效率。在BOT模式的应用实践中，我们一般将该模式视为提高项目的设计和管理实效的有效手段。这是因为：一方面，BOT项目一般具有投资数额大和项目周期长等特点，因此项目风险较大，同时由于私营企业的参与，贷款机构对项目的要求就会更加严格，从而有利于减少项目建设和运营中的风险，确保项目成功；另一方面，私营企业为了减少风险，获得较多的收益，也会在建设和运营阶段加强管理，以确保投资目标的实现。因此，尽管项目前期工作量较大，但一旦进入实施阶段，项目的设计、建设和运营效率就会比较高，用户也可以得到较高质量的服务。此外，在BOT项目投资财团的选择招标中，项目所在国政府往往将投标方的技术、管理能力列为重要的考虑目标，竞争机制有利于提高项目的运营效率。

四是可以提前满足社会和公众对基础设施的需求。采用这一方式，可使一些本来急需建设而政府目前又无力投资建设的基础设施项目提前开工建设并投入使用，从而有利于社会生产力的提高，促进经济的发展。

五是BOT项目通常都由外国公司来承包，这会给项目所在国带来先进的技术和管理经验，既给本国的承包商带来了较多的发展机会，也促进了国际经济的融合。

六是有利于开发当地资本市场和吸引外资。BOT模式可以通过鼓励当地机构和人士发展自己的基础设施而汇集本地资本，也可以通过吸引国外投资来支持本地基础设施建设。

上述这些优点是项目所在国政府愿意采取BOT模式进行基础设施建设的主要原因，然而对于进行项目投资的私营机构来说，BOT模式也具有一定的吸引力，否则缺少了私营机构的主动性，BOT项目将无法进行建设。对于私营机构来说，BOT模式的吸引性体现在以下方面。

第一，BOT 模式具有独特的项目背景、定位和资源优势，可以保证项目投资者获得可观的投资回报。采用 BOT 模式进行建设的项目往往是由项目所在国政府根据经济和社会发展的需要提出的急需建设的项目，这类项目或是有稳定的市场需求，或是由政府提供了市场保障和价格保障，从而大大降低了项目的运营风险，同时也确保了项目的投资收益。

第二，特许权协议一般对私营机构的独占经营权有所规定，从而可以有效避免同类项目对已建成基础设施的冲击和业务竞争，有利于保障项目投资者实现投资目标。

第三，BOT 模式可以使私营机构有机会参与基础设施项目的投资，不仅可以扩展其业务范围，而且也可以借助其在 BOT 项目中的成功表现创造更多的未来投资机会。

第四，BOT 模式有利于促进投资者其他业务的发展。组成投资财团的某些投资者本身就是大型设备的生产厂商、项目原材料的提供方、项目产品的购买方或是能从项目的建设和运营中获得其他业务机会，他们除了期望从 BOT 项目中获得收益外，也希望借此扩展业务市场，获得新的市场机会。

尽管 BOT 模式对于项目所在国政府和私营机构来说都具有一定的可取之处，但是也不能忽视采用 BOT 模式可能带来的负面效果。这些负面效果主要表现在以下几个方面。

一是可能导致大量税收的流失。BOT 模式实际上是基础设施暂时私有化的过程，改变了长期以来只能由国有部门进行基础设施建设的局面。在国有部门建设的情况下，可以保证税收及时、足量地缴纳。然而在 BOT 模式下，项目公司多以外资企业的形式出现，由于许多国家对外资都有一定的优惠政策，这些优惠政策很可能造成税收的流失。

二是可能造成对基础设施的掠夺性经营。在 BOT 项目中，私人机构只是项目设施的租赁者，特许期满，项目设施总要无偿转让或以一定的价格转让给政府指定的企业。所以，私人机构为了能够早日收回投资并获得利润，就必须在项目的建设和经营中采用先进的技术和管理方法，提高项目的生产效率和经营业绩，增加项目的竞争力，从而使投融资双方均能获得一定的利润回报。这种掠夺式的经营使得特许期满、项目资产转移时，原来的设备已经老化，需要大量的维护和保养资金。

三是 BOT 的运营模式可能导致政府失去对项目关键环节的控制。在项目的投标阶段，由于投标期较长，政府很容易失去对设计过程的控制，也无法保证中标设计方案能全部满足政府的各种需求，尤其是隐性需求；在项目特许期内，私营机构拥有项目的独立经营权，政府失去了对项目经营权的控制，也就难以确保项目运营过程中对公共利益的保护。

四是私营机构承担了项目的大部分风险，因而融资费用较高。对于基础设施建设项目，采用 BOT 模式建设往往具有更高的融资成本。造成这种现象的原因是：一方面，银行提供给政府机构贷款的限制条件往往比私营机构少；另一方面，贷款利率的高低也与贷款人承担的风险有关。BOT 项目中私营机构承担原应由政府承担的部分风险，因此可能会造成融资论证过程前期费用的增加和贷款利率的上升。

五是 BOT 项目的资金流特点有可能造成大量外汇流出，影响国家外汇平衡。由于项目的投资者中通常有国外投资者，而且项目的债务资金往往由国际银行提供，而项目的基础设施属性又决定了其收入的货币形式为项目所在国本国货币，项目产生的收入与贷款还本付息、投资收益汇出的货币形式不同，将产生货币倒换问题，进而造成大量的外汇流出。

总的说来，BOT 模式迄今为止仍然是一种出现时间较短的新型项目融资模式，还没有任何一个项目可以证明它是一种十分完善的成功模式。国际金融界较为一致的看法是，BOT 模式在项目融资中表现出无限的发展潜力，但是还需要做大量的工作才能将它真正移植到不同的项目中去。BOT 模式近些年来已经在我国引起了广泛的重视，并且在若干大型基础设施项目融资中获得了应用。BOT 模式涉及的方面多，结构复杂，项目融资前期成本高，且对于不同国家的不同项目没有固定的模式可循。因此，BOT 模式能否在我国的基础设施项目建设中大规模地加以利用及如何进行结构创新，还是一个有待探讨的问题。

(四) BOT 模式取得成功的关键因素

1. 选择合适的特许经营者

政府必须采用竞争投标的方法，从经济、技术、资信等几个方面全面考察项目承办人。

在制定评标标准时，如果规定项目的特许期不发生变化，政府根据特许期和特许价格的先后顺序，可以考虑以下两种模式。

模式一：政府在公开招标时首先确定项目的特许期，包括决定特许期的结构和长度，然后投标人以特许价格作为报价，特许价格报价合理、最低的竞标者中标。

模式二：政府在公开招标时首先确定项目的特许价格，确定特许价格时主要参考同类项目的现有价格或者从保护社会公众利益的角度制定基础特许价格。投标人以项目的特许期为报价参数，特许期最短的竞标者中标。

2. 合理分担风险

由于公共基础设施项目具有多种风险，影响了私人部门的融资、建设、运营的积极性。如果政府不承担一定的风险，则无法吸引私人机构的投资。政府承担风险的基本原因是 BOT 项目带来的社会利益超过了私人机构所获得的收益，作为社会公众的代表，政府理应为此承担风险，确保私人机构的投资积极性和收益，促成项目的成功实施。

风险分担（Risk Allocation）包括一方主体完全承担某一风险（Risk Bearing）以及各方共同承担某一风险（Risk Sharing）两种形式。如果对于一个主体来说，某一风险的可控性强，或者该主体作为导致风险发生的主要过错人，就应该完全承担该风险；如果某一风险对各方来说都不可控，且单一主体完全承担的成本过高，或者各方对风险都具有一定的控制力，则可以采用风险共担的形式来分散风险。明确区分风险分担的两种形式充分体现了控制能力原则、风险成本最低原则和过错原则，便于详细划分具体的风险承担责任。

3. 确定合理的特许期

特许期（Concession Period）是政府特许私人机构建设和运营基础设施项目的期限，包括建设期和经营期的 BOT 项目执行期限。

特许期分为两种设定情况：一种是单限定特许期（Single Period Concession），即只规定特许经营协议签订之日到项目移交之日的长度；另一种是双限定特许期（Two Period Concession），即分别规定建设期和经营期的长度。在单限定特许期情况下，出现双方共担的完工延迟风险时，应该根据政府承担的风险损失部分，相应延长项目经营期，不需要调整特许价格；在双限定特许期情况下，完工延迟会增加项目建设期利息，政府承担风险就需要将部分增加的利息核算到项目投资额中，允许项目公司据此重新核定特许价格。

例如，在实际操作中，可以有以下三种方案：第一种是单限定、无激励机制；第二种是单限定、有激励机制；第三种是双限定、无激励机制。如果项目收入来自政府，并且完工风险小，以上几种方案都可以采用；但如果完工风险大，需要政府和私人机构共担风险，则选择第三种方案；如果项目收入来自市场，但完工风险小，则可以使用第一种方案，以激励私人机构提前完工，并承担完工风险。

4. 确定合理的特许价格

确定特许价格需要解决以下两个问题：一是如何确定基础特许价格（Base Tariff or Base Toll Rate），二是如何确定价格调整机制。基础特许价格是在分析项目运营初期定价要素和相应风险之后确定出来的，能够同时满足政府社会福利目标和私人利润目标的、为提供项目产品或者服务所执行的初始价格。

确定合理的特许价格有以下两种方法。

第一种方法是研究者通过建立一般的定价模型，力图指导所有行业内 BOT 项目的特许定价。例如，从投资回报率入手来确定特许价格，那么特许定价必须满足社会福利丧失最少，并且产生足够大的直接经济收益等条件。

第二种方法是考虑每个行业的特点，分别研究电力、水处理以及公共交通等 BOT 项目的特许定价，强调定价方法的针对性和实用性。

二、BOT 模式的特许权协议

（一）特许权及特许权协议

由于基础设施的建设和经营直接关系到东道国的国民经济和全民利益，私营机构要从事基础设施项目的融资、建设和经营，一个重要的前提条件就是得到东道国政府的许可以及在政治风险和法律风险等方面的支持，因此必须签订特许经营协议。

BOT 项目融资的关键文件是特许权协议。特许权协议明确了特许权的授予者与被授予者双方的权责，这是整个 BOT 项目融资的基础。因此，有必要搞清楚特许权协议的内容和协议的基本条款。

特许权是指政府机构授予私人机构从事某种事务的权利，如耕耘土地、经营工业、提炼矿物等。在 BOT 项目的实践中，特许权是指政府授予国内外的项目主办者在其境内或本地区内从事某一 BOT 项目的建设、经营、维护和转让的权利。

特许权协议是规定和规范 BOT 项目中东道国政府与该项目私营机构之间的权利与义务关系的一种法律文件。协议明确了特许权的授予者与被授予者双方的权责，是整个 BOT 项目融资的基础，是 BOT 项目在法律上的存在基础，是 BOT 项目所有协议的核心和依据。

特许权协议既是 BOT 项目的重要法律文件，又是整个项目得以融资、建设和经营的基础和核心；同时还是 BOT 项目框架的中心，它决定了 BOT 项目的基本结构。从合同法的意义上讲，特许经营协议是 BOT 项目融资中的主合同，其他合同均为子合同。

常见的特许权协议可分为以下三种方式。

一是政府通过立法性文件确定授权关系。

二是以合同或协议的形式确定授权关系，即政府或政府授权部门与项目主办人或项目公司签订特许权合同或协议。

三是同时并用以上两种形式，即先由政府单方面公布立法性文件，然后由政府或政府授权部门与项目主办人或项目公司签订特许权协议。

我国部分地方政府主要采取就某特定项目制定公开立法性文件的方式来确定授权关系，如上海市关于两桥一隧道、延安东路隧道、徐浦大桥等项目的专营办法；有时还通过某一领域主管部门的国有公司出面，与项目公司或项目主办人签订专营合同，其实质是该国有企业代表政府直接向项目主办人授予专营权，如闸北电厂项目的专营合同。

相比之下，较为简便的做法是在具有 BOT 项目立法的前提下，由政府或政府授权部门与项目主办人或项目公司直接签订特许权协议或合同，使政府与项目主办人在项目利益上的权利与义务关系直接化、明确化。

(二) BOT 特许权协议的主要内容

BOT 特许权协议的内容分为一般条款和权利义务条款两部分。其中，一般条款包括以下内容。

1. 一般条款

一般条款与政府及其项目公司等方面的利益有着密切的关系，是核心条款，主要包括以下内容。

(1) 特许权协议的双方当事人。

(2) 授权目的。

(3) 授权方式。

(4) 特许权范围。特许权范围即政府授予项目公司对 BOT 项目的设计、资金筹措、建设、运营、维护和转让的权利，或其中的部分权利，有时还授予该主办者从事和经营其他事务的权利作为补偿或优惠措施。

(5) 特许期限。特许期限即政府许可项目主办者在项目建成后运营该项目设施的期限。在实践中，特许权期限的确定还缺乏科学的依据，这也是项目融资理论领域中尚待解决的问题之一。

(6) 特许权协议生效的条件。特许权协议确定了协议各方分担风险的方式和范围，一旦项目遇到政治风险或法律障碍时，政府需提供相应的支持，各方也应采取有效的行动。当然，BOT 项目特许权协议条款会因融资结构、项目所在地的投资环境及法律体系等因素而有所不同。

2. 基本条款

特许权协议涉及 BOT 项目的产品性能和质量、建设期、特许期、项目公司结构、资本结构、备用资金、原料和燃料供应、项目收费和价格调整方式、最低收入担保、外汇安排、贷款人的权利、不可抗力、项目建设规定、维修计划、移交条件、奖励及仲裁等内容。其基本条款包括以下内容。

(1) 特许经营权的范围。这一方面的规定主要包括三个方面的内容：一是权利的授予，即规定由哪一方来授予项目主办者哪些特许权，一般是项目所在国政府或其公营机构授予私营机构特许权；二是授权范围，包括项目的建设、运营、维护和转让权等，有时还授予主办者一些从事其他事务的权力；三是特许期限，即项目所在国政府许可主办者在项目建成后运营合同实施的期限，该条款与政府及其用户的利益密切相关，所以也是特许权协议的核心条款。

（2）项目建设的规定。该条款包括项目用地如何解决、基本条款项目的设计要求、承包商的具体义务、工程如何施工及采用的施工技术、工程建设质量的保证、工程的进度及工期延误处理等方面的规定。

（3）土地征收和使用的规定。该条款规定土地征收是由项目公司还是由政府部门承担，如由政府部门承担，将土地修整到什么程度，项目公司才介入。一般情况下，土地征收、居民迁徙等事项由政府或政府部门委托的公共机构来承担，项目公司是不直接介入的。明确了征地事项后，还应明确项目公司对土地的使用方式、使用年限、征地费用的承担及偿还事项等。

（4）项目的融资及其方式。此条款主要是规定BOT项目将如何进行融资、融资的利率水平、资金来源、双方同意采用什么样的方式融资等，此外，还包括收益的分配、支付方式、外汇兑换、经济担保及税收等内容。

（5）项目的经营及维护。此条款规定项目公司运营和维护合同设施的方式和措施，政府、项目公司等各方的权利和义务，服务标准、收费标准、收费记录的检验，运营维护商的选择和责任。

（6）能源物资供应。例如，燃煤电站BOT项目的特许权协议规定政府应保证按时、按质地向项目公司供应燃煤或其他能源物资以及所供能源的价格等。

（7）项目的成本计划、收费标准的计算方式。例如，项目公司将如何向项目设施的用户收取服务费、计价货币币种等内容以及遇到特殊情况需对收费标准作出调整的可能性及其程序等。

（8）项目的移交。此条款规定项目移交的范围、运营者对设施进行最后检修的方式、项目设施风险转移的时间、项目设施移交的方式及其费用的负担、移交的程序如何商定等。

（9）协议双方的一般义务。政府的一般义务指保证纳税优惠、进出口、入境、就业许可等优惠政策，确保第三方不予干涉等。项目公司的一般义务指遵守法律法规、安全和环境标准的义务，保护考古地质和历史文物的义务以及保险、纳税、利用东道国劳动力义务等。

（10）违约责任。此条款规定出现违约情况后的处理和补救措施，包括协议终止及各种类型的赔偿责任。

（11）协议的转让。此条款规定协议的权利和义务能否转让，在何种情况下可以由哪一方进行转让及转让或处置，包括抵押、征收的限制条件，如对设置财产抵押权的限制等。

（12）争议解决和法律适用条款。争议解决方式一般选择协商或仲裁，如选择仲裁则必须明确仲裁机构、地点、仲裁规则、适用法律、语言、费用的承担等。

（13）不可抗力。此条款指不可抗力情况的范围，发生不可抗力情况后的通知程序，风险与费用的分配与承担，终止协议后双方的义务，如文件的归属、保密等。

（三）特许权协议中政府与项目公司的主要权责

1. 政府权责

（1）特许权在特许期内有排他性，不能再将该项目授予其他人。

（2）必要的承诺和保证，如取得土地使用权协议。

（3）提供与项目有关的基本服务，如公路交通。

（4）授予一定的税收优惠政策，如税收减免政策。

（5）可能的话，为关键材料和购买产品，提供一定风险担保。

（6）如特许权授予者违约，项目公司可单方面终止特许经营的权利。

2. 项目公司的权责

（1）得到具体经营位置。

（2）为项目进行融资，并建设、经营、维护项目。

（3）保证建设项目达标，并接受项目授予者的监督。

（4）规定时间完成项目，并提供一定完工担保。

（5）做好必需的项目注册登记。

（6）对项目产品进行适当销售。

（7）若项目公司违约，允许政府终止特许权协议或接管公司。

三、BOT 模式的基本操作程序

尽管在不同的 BOT 项目中，项目参与方发挥的作用及相互关系有很大差异，然而各个 BOT 项目的组织和实施过程基本上是相同的，要经历项目确定、准备、招标、各种协议和合同的谈判与签订、建设、运营和移交等过程。总的说来，一个典型的 BOT 项目要经历以下阶段，即准备阶段、实施阶段和移交阶段。

(一) 准备阶段

项目的准备阶段主要是选定 BOT 项目，通过资格预审与招标，选定项目承办人；项目承办人选择合作伙伴并取得他们的合作意向，提交项目融资与项目实施方案文件；项目参与各方草签合作合同，申请成立项目公司，并通过特许权协议，授予项目公司特许权；项目公司股东之间签订股东协议，项目公司与财团签订融资等主合同以后，另与 BOT 项目建设、运营等各参与方签订子合同，提出开工报告。

准备阶段的工作目的是为项目的建造和运营创造条件，包括组织条件、资金条件和实施方案等，以下是其具体工作内容和实施步骤。

1. 项目识别与立项（政府）

这一步由政府来完成，主要是考察项目的条件，然后进行项目立项和规划设计。

（1）考察项目，确定是否可以采用 BOT 模式。BOT 作为一种新型的项目投资建设方式，并不是所有的项目都适合以该方式进行建设。因此，政府需要认真考虑某一具体项目是否可以采用 BOT 模式建设。首先，政府需要结合经济和社会发展的需要，判断项目是否符合政府基础设施建设规划或者是否属于有重大经济和社会效益且需要优先建设的项目；然后，政府重点研究采用 BOT 模式满足该项目需要的可能性。

项目能否采用 BOT 模式进行投资建设，主要是由项目是否具备合理的投资收益，或者说政府是否准备允许投资人获得合理的投资回报决定的。只有投资人能够获得合理的回报，BOT 项目才能成功。而盈利能力不足或无盈利能力的基础设施项目，其建设方式主要有以下两种：一是由政府或者公共机构进行投资建设，项目建成后面向公众提供免费服务；二是由政府给予财政补贴或给予其他形式的支持，提高项目投资者的投资回报，进而吸引私营机构进行投资建设。

(2) 做好可行性研究，进行项目立项。一般项目的可行性研究主要是从经济、技术、环境和法律等方面来研究项目是否可行。由于采用 BOT 建设的多属基础设施项目，其经济、环境、法律可行性受项目所在国政府影响较大，而政府使用 BOT 模式建设基础设施项目的目的在于引进新的技术和管理经验，因此其技术风险相对较大。上述这些特点往往会使投资者对项目的各类风险因素更为谨慎，进而要求政府或项目投资者提供必要的信用强化措施，而这些信用强化措施的提供对于项目所在国政府和投资者来说都是十分谨慎的。因此，政府必须对项目进行技术、经济及法律上的可行性研究，分析项目的可能风险及投资者的利益和风险要求，进而确定项目是否采用 BOT 模式进行建设。

拟采用 BOT 模式进行建设的项目规模较大，且有可能在项目投资结构中引进外资，一般以招投标方式选择项目的实施方。按照我国现行项目管理体制和关于招投标的有关规定，在选择项目的实施方之前，应将“项目意见书”或“预可行性研究报告”报有关部门审查并批准，政府有关部门给予的批复也将构成项目招投标的基础和依据。一般来说，在我国，外资 BOT 项目或投资规模较大的项目需要得到国家发展和改革委员会（或国务院）的批复，一定规模内的内资 BOT 项目则可以由地方政府批准。

2. 项目招标（政府）

这一步主要进行项目协议和资格预审，由政府主导。

BOT 项目中投资财团的选择多采取公开竞争的形式，一旦项目的意见书得到批准，即进入招投标程序。

(1) 确定采购方式。政府需要根据工程项目的特点、招标前的准备工作、合同的类型等因素确定合同的采购方式。常见的采购方式有以下三种。

①公开招标方式。招标人通过报刊、信息网络或其他媒介等新闻媒体发布招标公告，凡是具备相应资质、符合招标条件的法人或其他组织，不受行业或地域的限制，均可申请投标。由于 BOT 项目多属大型基础设施建设项目，不仅经济效益和社会效益显著，而且对投标方的经验和技术要求较高；同时，由于 BOT 项目在合同采购前已经由政府进行了投资效益分析与保证，具有一定的吸引力。因此，采用 BOT 模式建设的项目应尽可能采用公开招标的方式选择实施方，以便降低成本、提高效率。

②有限招标方式。有限招标也称为有限竞争性招标，是指招标方选择若干供应商或承包商，向其发出投标邀请，由被邀请的供应商、承包商投标竞争，从中选定中标者的招标方式。

有些计划采取 BOT 模式进行建设的项目，可能由于项目本身的原因，致使无法采用公开招标方式进行采购（例如，项目的技术要求复杂或有特殊的专业要求，只有少数几家潜在投标人可供选择），或者采用公开招标方式不符合经济合理性要求（例如，有的重点项目虽很重要，但项目规模不大，与公开招标所需的费用和时间不成比例，需要通过限制投标者人数来达到节约与提高效率的目的）。这些确实无法进行公开招标的项目，可以在充分分析论证的基础上，经批准后采用邀请招标的方式选择实施方。

③独家谈判。独家谈判又称为“议标”，是我国工程实践中特别是在建筑领域里使用较为广泛的一种采购方法。这种方法是通过采购人和被采购人之间进行一对一谈判而最终达到采购目的的，因此不具有公开性和竞争性。由于议标允许就报价等进行一对一的谈判，因此有些项目，如一些小型项目采用议标方式目标明确、省时省力、比较灵活；对服务招标而言，由于服务价格难以公开确定，服务质量也需要通过谈判解决，采用议标方式不失为一种恰当的采购方式。但由于议标不属于竞争性招标，存在着较多的人为因素，在实际 BOT 项目实施方选择时应谨慎采用。

（2）确定投标资格。投标资格指招标人在招标文件中规定的关于投标人的条件要求，亦即资格预审须知中明确列出投标人应满足的最基本条件，可分为一般资格条件和强制资格条件两类。

一般资格条件包括投标人的法人资格、资质等级、财务状况、工程经验、企业信誉、分包计划以及设备技术能力等方面的要求。

强制资格条件根据招标项目对潜在招标人是否有特殊的要求而定，如对于大型复杂的项目，尤其是需要有专门技术、设备或经验的投标人才能完成时，则应设置此类要求。

（3）研究确定技术参数，准备招标文件。招标人应根据 BOT 项目的特点编制项目的技术、标准规范，确定技术参数。招标准备阶段应编制好招标过程中可能涉及的有关文件，保证招标活动的正常进行。这些文件大概包括招标须知、合同文件、技术规范、设计图、资格预审文件、合同协议书以及资格预审和评标的办法等。

(4) 确定投标评价办法和评标准则。评标是对各投标书优劣的比较，应由评标委员会负责评标工作。评标委员会由招标人和有关技术、经济、法律等方面的专家组成，成员人数不少于5人。由于BOT项目属于大型的复杂项目，评审内容复杂、涉及面广，通常评标过程分为初评和详评两个阶段。

①初评。评标委员会以招标文件作为评审依据，审查各投标书的有效性。检查内容包括投标人资格、投标保证有效性、报送资料的完整性、投标书与报送文件是否有实质性背离以及报价计算的正确性等。

②详评。评标委员会对各投标书的实施方案和计划进行实质性的评价与比较。设有标底的，应参考标底。对各标书进行技术和商务方面的审查，评定其合理性以及若将合同授予该投标人，则在履行过程中可能给招标人带来的风险。

(5) 投标者资格预审。投标者资格预审对投资者的法人资格、资信状况、项目的产业能力(包括技术、组织、管理、投资、融资等能力)、以往的经验和业绩进行公开评审。

3. 项目投标(项目公司)

这一步主要是投资人申请项目公司、签订股东协议，进行可行性研究及投标决策，准备投标文件进行投标。这一步是由项目公司主导的。

有意向者投标是指投标人应招标人的邀请，按照招标的要求和条件，在规定的时间内编制标书并向招标人提交，争取中标的行为。

(1) 可行性研究及投标决策。投标者在项目决策之前，对项目有关的工程、技术、经济、法律等方面的条件和情况进行详尽、系统、全面的调查与研究，对各种可能的建设方案和技术方案进行详细的比较论证，并对建成项目的经济效益和社会效益进行预测和评价，据此推算项目所需的投资和生产费用。根据项目的投资和效益情况，投标者需要根据项目的特点、政府给予项目的支持条件以及项目建设和运营的环境因素，判断投资者投资的可能收益及风险情况，做出是否投标及中标后是否需要获得政府的额外支撑的决策。

(2) 准备投标文件。在BOT项目中，投标者一般是由多个投资者组织而成的联合体，即投资财团。投标者至少应该按投标须知提供以下文件：投标函、项目可行性研究报告、项目融资方案、项目建设工期与进度安排计划、投标保证金以及招标文件要求的其他文件。

4. 评标，选定项目承办人（政府）

这一步是由政府来主导的。由 BOT 项目主管部门组织政府有关部门、项目发起人以及熟悉项目的技术、经济、法律专家参与，进行公开评标，选出最具有资格的投标者。

评标委员会认为必要时，可以单独约见投标人，让其对标书中含义不明确的内容作必要的澄清或说明，但澄清或说明不得超出标书文件的范围或改变投标文件的实质性内容。澄清的内容也要整理成文字材料，作为标书的组成部分。

5. 签订特许权协议，签订项目委托协议（政府、项目公司）

这一步是由项目公司和政府共同来主导完成的。决标后，招标委员会应邀请中标者与政府进行合同的谈判。BOT 项目的合同谈判时间比较长，而且谈判过程非常复杂，因为项目牵扯到一系列的合同以及相关条件。在特许权协议签字前，政府和中标人都要花费大量的时间和精力进行谈判和合同的修改。在这一过程中，政府将与项目公司就特许权协议或项目协定进行谈判，并就最后的贷款协定、建筑合同、供应合同及实施项目所必需的其他附属合同进行谈判。

特许权协议既是 BOT 项目的最高法律文件，也是整个项目得以融资、建设和经营的基础和核心，同时还是 BOT 项目框架的中心，它决定了 BOT 项目的基本结构。在谈判结束后，政府即授予项目公司对 BOT 项目进行设计、资金筹措、建设、维护和转让的权利。而后，项目公司必须签署与项目贷款方的信贷协议、与建筑承包商的建设合同、与供应商的设备和材料供应合同、与保险公司的保险合同等。

6. 项目开发准备（项目公司）

在获得了基础设施项目的建设和经营权后，投资财团可以根据需要成立项目公司，项目公司的数量及其职能取决于具体项目的融资结构设计。项目公司可以是一家负责融资、建设和运营全过程的公司，也可以是仅仅为项目的融资而成立但不参与项目的建设和运营的公司。

项目公司成立后，需要与项目的各相关方就相关业务关系形成正式的协议及合同，这些协议或合同多数在投标之前已经形成意向，但是只有在中标后才能正式签订合同。在此阶段，需要签订的各种协议及合同包括贷款协议、工程承包合同、材料供应合同、设备购买协议、保险合同、设施经营维修合同等。

（二）实施阶段

项目实施阶段包括 BOT 项目建设与运营阶段，是指从项目具备开工条件开始，经历项目建设和经营阶段，直到特许期结束为止的全部时间。在这一阶段，项目公司按特许权协议和相关协议安排进行项目的投资建设，通过项目的经营活动偿还银行的贷款、收回投资并实现收益。

1. 项目建设

项目公司在签订所有合同后，开始进入项目的实施阶段。在建设阶段，项目公司按照合同的规定聘请设计单位开始工程设计，并安排进度计划与资金运营，聘请总承包商开始工程施工，通过顾问咨询机构监督工程承包商，保证财团按计划投入资金，确保工程按预算、按时完工。

项目建设完成后，项目公司依据设计文件、施工图、双方签订的合同、设备技术说明书、施工验收标准及质量验收标准等，对项目的主体建设进行验收，以完成整个项目的收尾工作。

项目验收后进行项目的移交工作，由运营方接收并开始项目的正式运营。

2. 项目运营

在项目运营阶段，项目公司直接运营项目或者通过运营协议委托单独的运营公司按照项目协定的标准、各项贷款协议及与投资者协定的条件来运营项目。项目公司的主要任务是要求运营公司尽可能边建设边运营，争取早投入、早收益，特别要注意外汇资产的风险管理及现金流量的安排，以保证按时还本付息，并最终使股东获得一定的利润。同时在运营过程中，项目公司要注意项目的维修与保养，以期项目运营获得最大效益并能顺利地移交。

（三）移交阶段

在特许期期满时，项目公司要把项目移交给政府，项目移交包括资产评估、利润分红、债务清偿、纠纷仲裁等，过程比较复杂。通常情况下，投资方大都在经营期满前，通过固定资产折旧及分利方式收回投资，运营期满，无条件归政府所有。特许运营期一般为15～20年，也有更长期限的。到目前为止，已完成BOT项目全过程的项目还很少，因此，此阶段的经验尚待总结。

第二节　ABS融资模式

一、ABS融资概述

ABS是英文“Asset Backed Securitization”的缩写，在国内往往被称为“资产支持证券化”或“资产证券化”。以下先对几个概念作介绍。

（一）证券化及资产证券化的代表商品

1. 证券化

证券化有两个含义：一是指“企业融资的证券化”，即企业融资从间接金融转向直接金融；二是指“资产的证券化”，即将商业银行贷款债权、赊款债权等流动性差的资产转让给特别设立的公司，再由该公司发行证券，使资产以证券形式发生流动。证券化是将无流动性资产转化为有流动性证券的金融技术。

2. 资产证券化的代表商品

（1）就基础资产而言，ABS有两种形态：一是以金融资产为基础的证券化，称为“二级证券化ABS”；二是以实物资产为基础的证券化，称为“项目融资型ABS”。它们的实质都是将资产的未来收益以证券的形式预售。

（2）MBS（Mortgage Backed Security，抵押支持证券）是由美国住房专业银行和储蓄金融机构利用其向外贷出的住房抵押贷款发行的一种资产证券化商品。

（二）ABS融资定义

ABS融资是资产证券化的简称，是以项目所属的资产为支撑的证券化融资方式。具体来说，它是以目标项目所拥有的资产为基础，以该项目资产的未来收益为保证，经过信用增级，通过在资本市场发行高档债券等金融产品来筹集资金的一种项目融资方式。

ABS 的目的在于通过其特有的信用增级的方式，使原有的信用等级较低的项目进入高档证券市场，并利用该市场信用等级高、资金流动量大、融资成本低、债券安全性和流动性高、债券利率低等特点，大大降低发行债券和筹集资本的成本。ABS 融资是国际资本市场上流行的一种项目融资方式，已在许多国家的大型项目中采用。

从本质来说，资产证券化属于一种以项目的收益为基础的项目融资方式。这种新型融资方式是在 20 世纪 70 年代全球创新的浪潮中涌现出来的，其内涵就是将原始权益人（卖方）不流通的存量资产，或可预见的未来收入，构造和转变成为资本市场可销售和流通的金融产品的过程，具体来说就是将缺乏流动性但能够产生可预见的稳定现金流的资产，通过一定的结构安排，对资产中风险与收益要素进行分离与重组，进而转换为在金融市场上可以出售和流通的证券的过程。其实质是融资者将被证券化的资产的未来现金流收益权转让给投资者。

ABS 融资方式是一种独具特色的筹资方式，它的作用有：①可以避免筹资者其他资产受到追索；②可以降低成本，大规模地筹集资金；③可分散、转移筹资者、投资者风险；④债券到期后本国政府和项目融资公司不承担任何债务；⑤投资者可以不直接参与工程的建设与经营。

（三）ABS 融资的产生与发展

ABS 融资作为一种融资技术的创新，最早起源于美国，后来在美国、英国、法国、德国等国家得到了广泛的应用。

美国是资产证券化的发源地，也是资产证券化最发达的国家。美国的资产证券化以住宅抵押贷款证券化起步，最早可以追溯到 20 世纪 60 年代末、70 年代初美国的住宅按揭融资。美国政府为了解救房地产金融，决定启动并搞活住宅抵押贷款的二级市场。华尔街金融机构尝试发放 MBS（抵押支持证券筹资）以弥补住房基金来源的不足，MBS 即 ABS 模型的雏形。以 MBS 模式为借鉴，Unisys 公司于 1985 年 3 月率先发行了 192 亿美元的租赁款作为支持资产的ABS，成为现代意义的ABS模式的开端。

自美国的金融机构提出并应用了ABS融资以后，20世纪80年代，资产证券化进入欧洲并在欧洲资本市场上迅速发展，法国、德国、英国、日本等国家都在金融业务中使用了ABS融资，资产证券化被广泛使用和发行，交易数额也在稳定增长。目前，ABS融资已被广泛运用到汽车贷款、信用卡贷款、应收账款、房产贷款、学生贷款、设备贷款、设备租赁、保险单、公共设施和公用事业收费、自然资源等资产的证券化融资中。国外的大量实践证明，尽管ABS融资发展历史较短，但这种融资模式具有很大的发展潜力，ABS融资在项目融资领域的应用将是项目融资未来发展的一个重要趋势。

（四）ABS融资的基本要素

一项成功的资产支持证券化融资需要坚实的“基础设施”，这就是证券化融资的基本构成要素。ABS融资的基本要素包括以下几个方面。

（1）标准化的合约。该合约要使所有的参与方确信：为满足契约规定的义务，该担保品的存在形式应能够提供界定明确而且在法律上可行的行为。

（2）资产价值的正确评估。如在资产支持证券化业务中，银行家的尽职调查应能够向感兴趣的各方提供关于风险性质的描述和恰当的价值评估。

（3）一份具有历史统计资料的数据库。对于拟证券化的资产在过去不同情形下的表现，必须提供一份具有历史统计资料的数据库，以使各参与方确定这些资产支持证券的风险程度。

（4）适用法律的标准化。资产支持证券化融资需要以标准的法律为前提。美国第一银行曾发行过AAA级抵押支持转递证券，最后该证券的发行以失败告终，其原因之一就是它未能满足美国各州所要求的法定投资标准。

（5）确定服务人地位的标准。这一点对于资产支持证券化融资也是非常关键的，一般的标准是服务人的破产或服务权的转让不应该导致投资者的损失。

（6）可靠的信用增级措施。资产支持证券化融资的重要特点是可以通过信用增级措施发行高档债券，以降低项目融资的成本。因此，如果没有可靠的、资信较高的信用增级措施，资产支持证券化融资将是很难操作的。

(7) 用以跟踪现金流和交易数据的计算机模型也是促进资产支持证券化交易量增长的重要基础。

(五) ABS 融资的使用范围

并不是所有的资产都可以证券化，根据已有的证券化交易例子，可证券化的理想资产应该具有以下特征：①能在未来产生可预测的稳定的现金流；②持续一定时期的低违约率、低损失率的历史记录；③本息的偿还分摊于整个资产的存活期间；④金融资产的债务人有广泛的地域和人口统计分布；⑤原所有者已持有该资产一段时间，有良好的信用记录；⑥金融资产的抵押物有较高的变现价值；⑦金融资产具有标准化、高质量的合同条款。而不利于证券化的资产属性包括：①服务者经验缺乏或财力单薄；②资产组合中资产的数量较少或金额最大的资产所占的比重过高；③本金到期一次偿还；④付款时间不确定或付款间隔期过长；⑤金融资产的债务人有修改合同条款的权利。

到目前为止，在北美、欧洲和新兴市场上已被证券化的资产种类繁多，可以作如下分类：①居民住宅抵押贷款；②私人资产抵押贷款、汽车销售贷款、其他各种个人消费贷款、学生贷款；③商业房地产抵押贷款、各类工商企业贷款；④信用卡应收款、转账卡应收款；⑤计算机租赁、办公设备租赁、汽车租赁、飞机租赁；⑥交易应收款；⑦人寿、健康保险单；⑧航空公司机票收入、公园门票收入、俱乐部会费收入、公用事业费收入；⑨石油/天然气储备、矿藏储备、林地；⑩各种有价证券组合。

(六) ABS 融资的特点

ABS 融资的特点主要表现在以下方面。

(1) 通过证券市场发行债券筹集资金，是 ABS 融资不同于其他项目融资方式的一个显著特点。无论是产品的支付、融资租赁，还是 BOT 融资，都不是通过证券化进行融资的，而证券化融资则代表着项目融资的未来发展方向。

(2) 由于 ABS 融资隔断了项目原始权益人自身的风险和项目资产未来现金收入的风险，使其清偿债券本息的资金仅与项目资产的未来现金收入有关，加之在国际高档投资级证券市场发行的债券是由众多的投资者购买的，从而分散了投资风险。

(3) 由于 ABS 融资是通过发行高档投资级债券募集资金的，这种负债不反映在原始权益人自身的资产负债表上，从而避免了原始权益人资产质量的限制。同时利用成熟的项目融资改组技巧，将项目资产的未来现金流量包装成高质量的证券投资对象，充分显示了金融创新的优势。

(4) 作为证券化项目方式融资的 ABS 融资，债券的信用风险得到了 SPV 公司的信用担保，是高档投资级证券，并且还能在二级市场进行转让，变现能力强，投资风险小，因而具有较大的吸引力，易于债券的发行和推销。同 BOT 模式相比，ABS 融资涉及的环节比较少，从而最大限度地减少了佣金、手续费等中间费用，使融资费用降到较低水平。

(5) 由于 ABS 融资是在国际高档投资证券市场筹资的，其接触的多为国际一流的证券机构，因此必须抓住国际金融市场的最新动态，按国际上规范的操作规程行事。

(6) 由于这种融资方式是在国际高档投资级证券市场筹资的，利息率一般比较低，从而降低了筹资成本。而且国际高档投资级证券市场容量大，资金来源渠道多样化，因此 ABS 融资特别适合大规模筹集资金。

(七) ABS 融资在金融市场中的作用分析

在金融市场演变历程中，金融体系的发展可分为三个阶段。在最初阶段，金融体系处于银行本位时期，银行是积累储蓄和进行投资的主要渠道；当资本市场成为融通大量储蓄的主渠道时，金融体系就向市场本位时期发展，进入第二阶段；当金融机构日渐对其资产进行处理与交易时（资产证券化），金融体系就发展到了市场本位时期的最高阶段。因此，资产证券化就具有了非同一般的作用，它代表着金融市场融资的方向。

资产证券化的本质含义是将贷款或应收账款转换为可流通的金融工具的过程。例如，它能够将批量贷款进行证券化销售，或者将小额、非市场化且信用质量不同的资产重新包装为新的流动性债务证券，以使信用增级，并且提供与基本担保品不同的现金流量。

所以，归纳起来，ABS 融资具有以下几方面的作用和意义。

(1) 对于那些信用等级较低的金融机构，存款和债务凭证的发行成本高昂。由于证券的较高信用等级，如能证券化和出售一部分资产组合，就可以获得较低的发行成本。

(2) 证券化能够使金融机构减少甚至消除其信用的过分集中，同时继续发展特殊种类的组合证券。

(3) 证券化使得金融机构能够更充分地利用现有的能力，实现规模经济。

(4) 证券化能够将非流动资产转换成可流通证券，使其资产负债表更具有流动性，而且能改善资金来源。

(5) 证券出售后，将证券化的资产从其资产负债表中移出，可以提高资本比率。

另外，ABS 融资不仅具有明确的金融创新意义，还具有信用风险转移创新、提高流动性创新和信用创造创新的作用。从功能作用看，ABS 融资并非迫使银行为其客户提供不同的服务，而是显示了商业银行在竞争中取胜所必须具备的技术和必须遵循的原则。从某种意义上说，这是重新定义了什么是银行，或者说是重新修正了对银行的定义。

二、ABS 融资的运行程序

ABS 融资是在资本市场上通过发行债券筹集资金的。按照规范化的证券市场运作方式，在证券市场发行债券，必须对发债主体进行信用评级，以确定债券的投资风险和信用水平。债券的筹集成本和信用等级密切相关，信用等级越高，表明债券的安全性越高，债券的利率越低，通过发行债券筹集资金的成本越低。因此利用证券市场筹集资金的企业或其他机构，一般都希望进入高档投资级证券市场。但是，未被权威性资信评估机构评定为较高级别信用等级的企业或其他机构，将无法进入高档投资级证券市场。ABS 融资的独到之处在于，通过信用增级计划，使得没有获得信用等级或信用等级较低的机构，照样可以进入高档投资机构市场，通过资产的证券化筹集资金。ABS 融资的具体运作过程主要包括以下几个阶段。

(一) 确定证券化资产目标，组建资产池

原则上，投资项目所依附的资产只要在未来一定时期内能带来现金收

入，就可进行ABS融资，如房地产未来租金收入，航空、港口及铁路未来运费收入，收费公路及其他公用设施收费收入，项目产品出口贸易收入，银行贷款，分期付款契约，应收账款等。拥有未来现金收入所有权的企业或项目公司或机构通常被称为原始权益人。原始权益人将这些未来现金流的资产进行估算和信用考核，并根据资产证券化的目标确定要把多少资产用于证券化，最后把这些资产汇集组合形成一个资产池。未来现金收入所涵盖的资产是ABS融资的物质基础和价值保证，应是稳定、可靠、低风险和具有一定可预测性的。

（二）创建SPV公司，实现真实出售

1.创建SPV公司

创建SPV公司即组建一个特殊目的公司。它可以是一个信托投资公司、信用担保公司、投资保险公司或其他独立法人，但应能够获得国际权威资信评估机构较高级别的信用等级（AAA或AA级）。由于SPV公司是进行ABS融资的载体，成功组建SPV公司是ABS融资能够成功运作的基本条件和关键因素。

有时SPV公司由原始权益人专门为实现ABS融资目的而设立，但它是以资产证券化为唯一目的的、独立的信托实体，其经营有严格的法律限制，例如，不能发生证券化业务以外的任何资产和负债、在对投资者付讫本息之前不能分配任何红利、不得破产等，其收入全部来自资产支持证券的发行。为降低资产证券化的成本，SPV公司一般设在免税国家或地区，如开曼群岛等处，设立时往往只投入最低限度的资本。

2.真实出售

SPV公司与原始权益人签订买卖合同，原始权益人将拟证券化的资产转让给SPV公司。转让的目的在于将原始权益人本身的风险割断，这样SPV公司进行ABS融资时，其融资风险仅与项目资产未来现金收入有关，而与建设项目的原始权益人本身的风险无关。在实际操作中，为了确保与这种风险完全隔断，SPV公司一般要求原始权益人或有关机构提供充分的担保。

这一交易必须以真实出售的方式进行，买卖合同中应明确规定：一旦

原始权益人发生破产清算，资产池不列入清算范围，从而达到破产隔离的目的。破产隔离实现了将资产过户给 SPV 公司的目标，确保即使原始权益人破产，证券化了的资产也不会遭到清算，保障了投资人的权益。也就是说，破产隔离使资产池的质量与原始权益人自身的信用水平分割开来，投资者对资产支持证券的投资就不会再受到原始权益人的信用风险的影响，这也正是项目融资的本质特点。

真实出售的作用是进行破产隔离，维护资产支撑证券的安全和投资者的利益。经过真实出售，SPV 公司在名义上对证券化资产享有完全的所有权，但在具体的行使和管理上受到很大限制；或 SPV 公司享有的仍是一种物权，但在有关合同中附加了一些条件，限制了其绝对权。

如何才能达到项目资产或收益的真实出售呢？主要有以下三种操作方式。

(1) 债务更新，即先行终止发起人与资产债务人之间的债务合约，再由 SPV 公司与债务人订立一份新合约来替换原来的债务合约，从而把发起人与资产债务人之间的债权债务关系转换为 SPV 公司与资产债务人之间的债权债务关系。这种方法一般用于资产组合涉及少数债务人的场合。

(2) 转让，即通过一定的法律手段把待转让资产项下的债权转让给 SPV 公司。作为转让对象的资产要由有关法律认可具备可转让性质。资产权利的转让要以书面形式通知资产债务人，如无资产转让书面通知，资产债务人享有终止支付的法定权利。

(3) 从属参与，即 SPV 公司与资产债务人之间无合同关系，发起人与资产债务人之间的原债务合约继续有效，资产也不必转让给 SPV 公司，而是由 SPV 公司先行发行资产支持证券，取得投资者的款项，然后再转贷给发起人，转贷金额等同于资产组合金额。贷款附有追索权，其偿还资金来源于资产组合的现金流量。

在我国香港，有以下几条才能判断为真实出售：①债务作为整体被完整地转让；②原始权益人以书面形式签署转让文件；③转让不被认定为一项担保形式；④转让以书面形式明确地告知原债务人。

（三）信用增级，发行债券

1. 信用增级

债券在与 SPV 公司结合后，信用有所提高，但仍需要改善发行条件。为吸引更多的投资者，改善发行条件，SPV 公司必须提高资产支持证券的信用等级，即必须进行信用增级。信用增级一般采取两种方式：一是发行人提供的信用增级，即内部信用增级；二是第三者提供的信用增级，即外部信用增级。

（1）内部信用增级。内部信用增级是由发行人提供的信用增级方式，可分为三种操作方法，即超额担保、建立储备基金账户和设计高级 / 次级证券结构。

①超额担保，指被证券化的资产实际价值高于证券的发行额。在信贷资产证券化中，要求被证券化的项目贷款的实际价值高于证券的实际发行额，也就是要求所发行的债券总额不得超过作为基础资产的项目贷款组合的一定比例，如 85%。

过度抵押是最简单的一种增级方式。发起人在发行时，用作抵押的是那些比其未来收入现金流大的资产。实际中很少采用这种方式，因为该种方式的成本高并且在资本利用上也缺乏效率。但作为其他方式的补充，过度抵押可以对某些类型的证券化资产和结构起重要作用。

②建立储备基金账户，指事先设立用于弥补投资者损失的储备基金账户，在信贷资产证券化中，SPV 公司将收到的项目贷款的本息与债券支付成本之间的差额以及 SPV 公司在现金收付之间因时间差异而产生的再投资收入存入基金账户，在项目贷款出现违约时，动用基金账户资金以保证对证券投资者的支付。

③设计高级 / 次级证券结构，即划分高级证券和次级证券，在付清前者的本息之前对后者仅付息不还本。这种结构是指所有的损失首先由次级债券承担，即次级债券充当高级债券的缓冲器，其最大承担额相当于该类债券的总额。这种方法是用高收益的次级证券在本金和利息支付顺序上的滞后处理，来保证低收益的高级证券获得本金和利息的优先支付，从而提高高级证券的信用级别。高级 / 次级证券结构的评判标准将证券分为两部分：A 证券

和 B 证券。其中：A 证券是高级证券，对抵押品的现金流和本金有优先权；B 证券拥有次级权利。只有当 A 证券持有人在完全支付的情况下，B 证券才可能被支付。这种信用增级方式的优点是使信用增级的成本分布在整个交易期间，B 证券中较高的利息就是其信用增级的成本。对于具有较高成本，且用高资本成本折现决定 B 证券成本现值的公司，高级 /次级证券结构具有很强的经济吸引力。

（2）外部信用增级。外部信用增级通常是通过提供银行信用证，由一家单线保险公司提供保险以及第三者设立的储备账户基金来形成，这种信用增级方式依赖于担保人而不是资产池本身的信用等级。如 SPV 公司再向信用级别很高的专业金融担保公司办理金融担保，保证 ABS 融资按期按量支付本息，这样，ABS 融资的信用级别就提升到了金融担保公司的信用级别。当前，证券化市场普遍应用的信用增级方式就是金融担保。金融担保是由一些信用级别在 A 级以上的专业金融担保公司向投资者提供保证证券化交易、履行支付本金和利息等义务。在被担保人违约的情况下，由金融担保公司偿付到期本息。在这种条件下，证券化交易的信用级别便由金融担保公司的信用级别取代，即使是较低的信用级别也可以提升到金融担保公司的信用级别。外部信用增级具体包括以下几种形式。

①银行担保或信用证银行担保。这类担保可以担保贷款的本金、利息和担保抵押品免受过大的损失。银行担保是依据资产组合能产生的现金流情况来决定担保程度，由于银行可以对抵押品作部分担保，因此银行可以根据风险资产的部分价值而不是全部价值进行收费。但银行担保存在许多缺点，首先是市场上缺少信用等级为 AAA 级的银行，其次是返还给发起人的利润是有风险的。

②保险公司发出的担保。保险公司发出的免受损失的保险单，由保险人发出，保护作为项目融资或债券发行基础的抵押品价值，通常并不保证债权人能收回本息，实质上并不是一种担保。保险公司发出的担保的优点是用于单一风险时，如信用风险，这种方式价格更为低廉。

③单线保险公司（金融担保公司）提供的担保。这样的公司由于无法从资产组合中分散风险，所以它只从事金融产品的保险业务，提高金融产品的信用等级。但是它所提供的担保要求所担保的资产必须是投资级的。发起人

根据单线担保的级别，使其资产获得与担保级别相同的信用等级。

2. 发行债券

(1) 发行评级并向投资者公告。信用增级后，SPV 公司聘请信用评级机构对将发行的证券进行正式的发行评级。评级机构根据经济及金融形势、发起人及证券发行人等有关信息、SPV 公司和原始权益人资产债务的履行情况、信用增级情况等因素，将评级结果公布于投资者。

(2) 发行债券。SPV 公司与证券承销商签订承销协议，由证券承销商负责向投资者销售资产支持证券。这时资产支持证券已具备了较好的信用等级，能以较好的发行条件售出，而发行所得作为买入证券化资产的价款，将被支付给原始权益人。原始权益人用这笔收入进行项目投资和建设，达到其筹资目的。

(四) 管理资产，清付本息

由原始权益人或 SPV 公司与原始权益人确定托管银行 (受托管理人)，签订托管合同，对资产池进行管理。

(1) 将证券化资产发生的全部收入存入托管银行。托管银行负责收取、记录由资产池产生的全部收入，并把这些收款全部存入托管银行的收款专户。托管银行按约定建立积累金，准备用于 SPV 公司对投资者的还本付息。

(2) 还本付息。到了规定的期限，托管银行将积累金拨入付款账户，对投资者还本付息。

(3) 支付服务费用。待资产支持证券到期后，要向融资过程中提供过服务的各类机构支付专业服务费。

(4) 剩余返还给原始权益人。由资产池产生的收入在还本付息、支付各项服务费之后，若有剩余，全部退还给原始权益人，整个资产证券化过程至此结束。

SPV 公司作为 ABS 融资的交易中介，基本上是一个“空壳公司”，并不参与实际的业务操作。

第三节　PPP 融资模式

一、PPP 融资模式概述

（一）PPP 融资模式的概念

PPP（Public Private Partnerships）即公私伙伴关系，又称为公私合作制，是指政府与社会资本合作。对于 PPP 融资模式的概念，不同的学者和机构有不同的表述，不同的组织和国家对 PPP 下的定义也不同，目前还尚未形成一个统一的定义。

加拿大公私合作协会的定义：PPP 模式是公共部门和私营部门的一种风险合作，它根据各个合作者的专长，通过资源、风险和收益的适当分配来最好地满足公共需要。

联合国培训研究院的定义：PPP 模式包含两层含义，其一是为了满足公共产品的需要而建立的公共和私人倡导者之间的各种合作关系；其二是为了满足公共产品需要，公共部门和私人部门通过建立伙伴关系实施的大型公共项目。

欧盟委员会的定义：PPP 模式是公共部门和私人部门之间的一种合作关系，其目的是提供传统上由公共部门提供的公共项目或服务。

我国的定义：PPP 模式是指在基础设施及公共服务领域建立的一种长期合作关系。通常模式是由社会资本承担设计、建设、运营、维护基础设施的大部分工作，并通过“使用者付费”及必要的“政府付费”获得合理投资回报。政府负责基础设施及公共服务的价格和质量监管，以保证公共利益最大化。

国内外机构和学者对 PPP 模式的定义还有很多，综合起来，PPP 模式的概念有广义和狭义之分。

1. 广义的 PPP 模式

联合国培训研究院对 PPP 模式定义的第一层含义：PPP 模式是为了满足公共产品需要而建立的公共和私人倡导者之间的各种合作关系。这是从广义上讲的 PPP 模式，它泛指公共部门与私人部门为提供公共产品或服务而建立的各种合作关系，具体涉及外包、特许经营以及私有化等几种类型。外包类是指由政府投资，私人部门仅承包项目中的一项或者多项任务；特许经营类则需要私营部门参与部分或者全部投资，通过一定的合作机制与公共部门分担项目风险，共享收益；私有化类的项目需要私人部门独自承担风险，所有权归私人部门所有，不具备有限追索的权力。广义的 PPP 模式不是一种具体的项目融资或建设方式，而是一种十分广泛的合作关系。它仅仅是一个总括性的概念，是政府与社会资本合作。它作为一系列特定融资模式的总体概念，代表了私人部门与公共部门不同程度的合作关系。

这种 PPP 模式包括 BOT 和 PFI 等各种融资模式，并不是具体的项目融资模式。近年来，随着我国基础设施投资的不断增加，BOT、BOO、BOOT、TOT、PFI 等多种融资模式在城市基础设施建设中发挥出重要的作用。

2. 狭义的 PPP 模式

狭义的 PPP 模式可以理解为一系列项目融资模式的总称，指公共部门与私营模式部门共同参与生产和提供物品与服务的制度安排，是一种项目融资方式，合同承包、特许经营、补助等也符合这一定义。

在狭义的 PPP 模式中，政府和社会资本基于某个项目而形成相互合作的关系，通过这种合作形式，合作各方可以达到与其单独行动相比更为有利的结果。合作各方参与某个项目的时候，政府并不是把项目的责任全部转移给社会资本，而是通过对项目的扶持，实现参与合作各方的利益，同时使各方共同承担责任和融资风险。狭义的 PPP 模式更加强调合作过程中的风险分担机制和项目的衡工量值。可见，PPP 模式的基本特征包括共享投资收益、分担投资风险和承担社会责任。

本节中对 PPP 模式的讨论则是指狭义的 PPP 模式。

(二) PPP 融资模式的内涵

从 PPP 融资模式的定义和基本特征看，其主要内涵包括以下四个方面。

1. PPP 融资模式是一种新型的项目融资模式

PPP 融资模式是以项目为主体的融资活动，是项目融资的一种实现形式，主要根据项目的预期收益、资产以及政府扶持措施的力度而不是项目投资人或发起人的资信来安排融资。项目经营的直接收益和通过政府扶持所转化的效益是偿还贷款的资金来源，项目公司的资产和政府给予的有限承诺是贷款的安全保障。

2. PPP 融资模式可以使社会资本更多地参与到项目中

政府的公共部门与社会资本以特许权协议为基础进行全程的合作，双方共同对项目运行的整个周期负责。PPP 融资模式的操作规则使社会资本参与到项目的确认、设计和可行性研究等前期工作中来，这不仅降低了社会资本的投资风险，而且能将社会资本在投资建设中更有效率的管理方法与技术引入到项目中来，还能有效地实现对项目建设与运行的控制，从而有利于降低项目建设投资的风险，更好地保障国家与社会资本各方的利益。同时，这对缩短项目建设周期、降低项目运作成本甚至资产负债率都有值得肯定的现实意义。

3. PPP 融资模式可以在一定程度上保证社会资本“有利可图”

社会资本的投资目的是寻求既能够还清贷款又有投资回报的项目，无利可图的基础设施项目是吸引不到社会资本投入的。而采取 PPP 融资模式，政府可以给予社会资本相应的政策扶持作为补偿，从而很好地解决这个问题，如税收优惠、贷款担保、给予社会资本土地优先开发权等。通过实施这些政策，可提高社会资本投资基础设施项目的积极性。

4. PPP 融资模式有效地定位政府在项目中的角色

在传统模式下，政府既是项目的投资者，又是项目的执行者和监督者，这种三位一体的模式所带来的管理缺位极易造成决策失误或监督失效，导致项目投资效益低下，甚至影响工程质量。在 PPP 融资模式下，政府作为项目的发起人和参与者之一，通过项目引入社会资本参与合作，借助于的资金和技术优势来更好地完成项目。项目实施由专门成立的特别目的公司（Special Purpose Company，SPC）组织，并负责项目的融资、建设并承担相应的风险。在这种明晰的关系结构下，政府可以对项目进行有效的监督和监管。

（三）PPP 融资模式的主要运作思路

PPP 融资模式的主要运作思路是：公共机构根据基础设施及城市公用事业建设的需求，以特许权协议为基础选择某一社会资本进行伙伴式合作，双方共同参与基础设施项目的确认、技术设计及可行性分析等项目前期工作，确定好风险的分配方案，由持有特许权协议的民营企业组建项目公司，具体负责项目的建设、运营及移交等工作，在此过程中双方相互协调，共同对项目的整个周期负责。

这种模式的一个显著的特点就是政府与社会资本及项目的投资者之间相互协调，共同在项目建设中发挥作用。其中，政府与社会资本以特许权协议为基础进行合作。与以往社会资本参与基础设施及城市公用事业建设的方式不同，该模式的合作始于项目的早期论证阶段，并贯穿于全过程，双方共同对项目的整个周期负责。在项目的早期论证阶段，双方共同参与项目的确认、技术设计和可行性研究工作；对项目采用项目融资的可能性进行评估确认；采取有效的风险分配方案，把风险分配给最有能力的参与方来承担。

在 PPP 融资模式中，政府通常与提供贷款的金融机构达成一个直接协议，这不是对项目进行担保的协议，而是一个向借贷机构承诺将按与项目公司签订的合同支付有关费用的协议。这个协议使项目公司能够比较顺利地获得金融机构的贷款。采用这种融资模式的实质是：政府通过给予社会资本长期的特许经营权和收益权来换取基础设施及城市公用事业的建设及有效运营。

与以往社会资本参与基础设施及城市公用事业建设相比，PPP 融资模式能够使政府和社会资本充分利用各自的优势，即把政府的社会责任、远景规划、协调能力与社会资本的创业精神、民间资金和管理效率结合到一起。其优势如下。

（1）采用 PPP 融资模式可以有效地降低整个项目的费用。研究及实践表明，PPP 融资模式可以降低项目费用 6%～40%，并且可以限制超出费用的产生。

（2）PPP 融资模式可以使社会资本尽早介入项目。可以使社会资本在初始阶段就参与项目的识别、可行性研究、设施和融资等项目建设过程，保证项目在技术和经济上的可行性，缩短前期工作周期，并有利于充分利用社会资本的先进技术和管理经验。

（3）有利于转换政府职能，减轻财政负担。政府可以从繁重的事务中脱身出来，从过去的基础设施及城市公用事业的提供者变成监管者，也可以在财政预算方面减轻政府的压力。

（4）有利于提高基础设施及城市公用事业产品和服务的质量。在 PPP 融资模式中，政府和社会资本共同参与建设和运营，双方可以形成互利的长期目标，更好地为社会和公众提供服务。而且社会资本参与项目的运营、管理和维护，有利于提高建设和运营效率，引入新的管理体制，用户可以得到较高质量的服务。

（5）有利于重新整合项目的各种资源。PPP 融资模式使项目的参与各方重新整合，组成战略联盟，对协调各方不同的目标起到了关键性作用。

（6）有利于投资风险合理分担。由于工程项目一般具有巨额资本投入、项目周期长等因素带来的风险，在 PPP 融资模式中，政府并没有把项目风险全部转移给社会资本，其本身也承担其中的部分风险，从而有利于提高社会资本完成项目的信心，保证项目顺利实施。同时，还可以增加项目的资本金数量，进而降低基础设施及城市公用事业项目的资产负债率。

（7）PPP 融资模式有利于培养基础设施及城市公用事业建设、运营和管理的人才。在政府与社会资本的合作过程中，政府职员无形中受到了一次先进技术和管理经验的培训，有利于其自身素质的提高。

（8）PPP 融资模式应用范围广泛。该模式突破了当前社会资本参与公共基础设施项目组织机构的多种限制，适用于城市公共交通等各类城市公用事业及道路、铁路、机场、医院、学校的建设等。

（9）促进了投资主体的多元化。通过利用社会资本提供服务和资金能够为政府部门提供更多的投资和技能，促进投融资体制的改革。同时，社会资本参与项目还能推动在项目设计、施工和管理过程等方面的革新，提高办事效率，从而传播最佳的管理理念和经验。

（10）有意向参与基础设施项目的社会资本可以尽早与政府或有关机构接触，节约投标费用，节省准备时间，从而减少最后的投标价格。

PPP 融资模式作为政府和社会资本合作进行基础设施建设的一种方式，尽管其概念尚未完全明确，其模式的运作还有许多问题值得研究，但是这种新的方式的提出，势必有利于拓宽我国基础设施建设项目的筹资渠道。

（四）PPP 融资模式的特点

PPP 模式是介于外包和私有化之间，结合了两者特点的一种公共产品提供方式，它充分利用社会资本进行设计、建设、投资、经营和维护公共基础设施，并提供相关服务以满足公共需求。PPP 融资模式通过政府与社会资本的合作共同发展基础设施，是实现参与各方的利益，共同承担责任和融资风险的一种模式。简单来说，PPP 融资模式的运行主要有三个重要特征：伙伴关系、利益共享和风险共担。

PPP 融资模式强调政府与社会资本之间的长期合作关系，共同提供公共产品和服务。它通过鼓励社会资本完成项目的设计和建设，使得承包商和设计者在项目早期就可以通力协作。从项目的长远利益出发，PPP 融资模式是选择提供公共产品和服务的最佳方式，在 BOT 项目中则不特意如此要求。与传统的特许经营模式通常注重降低建设成本相比，PPP 融资模式可以将项目的寿命周期成本降到最低，并减少项目建设阶段的设计变更。以下就 BOT 融资模式与 PPP 融资模式的对比来说明 PPP 融资模式的特点。

1. BOT 融资模式与 PPP 融资模式的不同点

（1）责权利的设置不一样。BOT 融资模式下，政府和社会资本在法律上是严格独立的，各自寻求利益最大化，且缺乏协调机制；PPP 融资模式下，政府和社会资本在法律意义上形成共同体，相对融合，利益方向基本一致。

（2）操作程序不一样。BOT 融资模式的前期工作大多由政府方完成；PPP 融资模式则可由双方一起合作完成。BOT 融资模式在对项目内容比较清楚时进行招投标；PPP 融资模式则可在相对模糊情况下进行政府采购。

2. BOT 融资模式与 PPP 融资模式的优点与缺点

BOT 融资模式的优点：①项目融资的所有责任都转嫁给社会资本，减少了政府主权借债和还本付息的责任；②政府可以避免大量的项目风险；③组织机构简单，政府部门和社会资本协调容易；④项目回报率明确，严格按照中标价实施，政府和社会资本之间利益纠纷少；⑤拓宽资金来源，减轻政府财政负担。

BOT 融资模式的缺点：①公共部门和社会资本往往都需要经过一个长期的调查了解、谈判和磋商过程，以致项目前期过长，使招投标费用过高；②投资方和贷款人风险过大，没有退路，使融资举步维艰；③参与项目各方存在某些利益冲突，对融资造成障碍。

PPP 融资模式的优点：①可促进政府管理改革，政府可实现融资风险的转移；②政府与社会资本权利共享，改变了传统政企关系；③使社会资本在项目前期即可参与，有利于充分利用社会资本先进技术和管理经验；④政府和社会资本共同参与项目建设运营，可达成互利合作目标；⑤有意向社会资本可尽早与政府接触，减少投标费用和招标时间。

PPP 融资模式的缺点：①对于政府而言，确定合作公司有一定难度，而且在合作中要负有一定责任，这增加了政府风险负担；②组织形式比较复杂，增加了管理上协调的难度，对参与方的管理水平有一定要求；③如何设定项目的回报率可能成为一个有争议的问题。

（五）PPP 融资模式的必要条件和适用范围

1. 必要条件

（1）政府部门的大力支持。在 PPP 融资模式中，随着项目的不同，合作双方的角色和责任也会有所差异，但是政府的总体责任和角色都是为大众提供最优质的公共服务和设施。在任何情况下，政府都应该从保护和促进公共利益的角度出发，负责公共项目的策划、组织招标工作、理顺各个参与机构之间的关系和权限，从而降低项目的总体风险。

（2）有效的监管框架。良好的监管框架的形成和监管权力的执行，是一个工程项目得以顺利完成并且保持未来运营顺畅的重要环节。政府监管必须确定一种承诺机制，以保证社会资本的资产安全性，降低企业融资的成本，并且给企业提供资金的激励。另外，政府监管必须能够保证企业生产或者运营的可持续性，让社会资本得到合理的报酬。

（3）健全的法律法规制度。PPP 项目的成功运作需要在法律层面上对政府和社会资本在项目中所需要承担的风险和责任进行明确的界定和说明，从而保证双方的利益。

（4）专业化的机构和人才的支持。PPP 融资模式的运作广泛采用项目特许经营权的方式进行结构融资，这就需要比较全面的法律、金融和财务方面的知识。一方面，要求政策制定出参与方规范化、标准化的 PPP 交易流程，对工程项目的运作提供技术指导和有关的政策支持；另一方面，需要专业化的中介机构提供专业化的服务。

2. 适用范围

目前关于公共物品可由社会资本生产和供应已经基本达成一致，并且鉴于公共部门在开展基础设施建设过程中势必面临的资金及技术压力，而社会资本在技术及管理方面存在优势，再加上前文已经论述了 PPP 融资模式的诸多优势，这些都为私营部门参与基础设施建设项目创造了有利条件。政府部门自然希望扩大该模式在公共基础设施项目的适用范围，然而并非所有公共基础设施建设项目都适合采取 PPP 融资模式。

公共基础设施建设是城市发展的重要部分，为社会生产活动的开展及居民生活创造条件，对于城市的意义不容小觑。具体而言，城市公共基础设施涉及能源系统、交通系统、通信系统、生态环境系统、城市防灾系统以及供排水系统等六部分。

尽管政府希望进一步扩大 PPP 融资模式的应用，但 PPP 融资模式有特定的适用范围，必须在对 PPP 融资模式进行全面深入分析的基础之上确定是否适用。从一定意义上讲，投资的公用物品及服务特性对于 PPP 融资模式的适用具有决定性影响，具体应考虑公共设施的规模、所涉及技术的复杂程度、收费情况、生产与消费规模等因素。国外实践表明，公共基础设施项目所需要的投资越多、所涉及的技术越复杂、收费越容易、边界越清晰，则社会资本进入的难度越大。随着实践的发展，近些年来，PPP 融资模式的应用范围也逐渐从最初的公路、城市公交、机场及海港等领域扩展到电力、污水处理、供水、供气、教育、医疗以及国防等部门。

二、PPP 融资模式的基本结构

（一）PPP 融资模式的参与方

运用 PPP 融资模式的目的是吸引私人机构投资于基础设施，特别是准经营性项目。由于 PPP 融资模式模式的复杂性和风险性，PPP 融资项目的参与方很多，一般包括政府、SPC 公司、银行和金融机构、咨询公司、工程承包公司、供应商、保险公司和用户等。

1. 政府

政府通常是采用 PPP 融资模式的基础设施项目的发起人，他们在法律上既不拥有项目，也不经营项目，而是通过给予项目某些特许经营权和给予项目一定数额的项目资本金或者贷款担保作为对项目开发、融资安排和建设的支持。大多数模式下，政府是项目的最终所有者。

2. SPC 公司

SPC 公司（Special Purpose Company，特别目的公司）是一个专门组织起来的项目公司，是项目的实施者，由政府和私人、私人团体联合组成。SPC 公司是 PPP 项目的执行主体，负责项目的融资、开发、建设、经营等所有事务。SPC 公司通常熟悉 PPP 项目的运营过程，对 PPP 项目有丰富的管理经验和较高的管理水平。

3. 银行和金融机构

在 PPP 融资模式下，向项目提供贷款的银行主要是国际金融机构、商业银行、信托投资机构等，其中政府的出口信贷机构和世界银行或者地区性开发银行的政策贷款起着很重要的作用。银行和金融机构在项目中的主要职能是为项目的顺利实施提供资金支持和信用保证。

4. 咨询公司

PPP 项目的参与方众多、资金结构复杂、项目的开发期较长、风险较大，因此在项目的全寿命周期内都需要咨询公司（包括管理公司、融资顾问公司、法律顾问公司等）的介入，从而更好地指导项目的运作。

5. 工程承包公司

工程承包商是项目建设过程中的主要参与者，负责工程的设计和施工，一般通过招投标选定，通常与项目公司签订固定价格的总承包合同。一般情况下，工程承包商要承担商业完工风险，如工期延误、停工等。承包商的技术水平和声誉是能否取得贷款的重要因素之一，其资金情况、工程技术能力和以往的业绩记录将在很大程度上影响贷款银行对项目建设期风险的判断。工程承包商一般还会就 PPP 项目的设计、施工、购买设备等事项与有关公司签订合同。

6. 供应商

供应商的责任是为 PPP 项目的建设和运营提供各类设备、原材料、能源等。一般来说，能源、材料供应商为了寻找长期稳定的市场，在一定条件下愿意以长期优惠的价格为项目供应能源和原材料。这有助于减少项目初期及项目运营期的许多不确定因素，为项目公司安排项目融资提供便利条件。

7. 保险公司

PPP 项目资金规模大、生命周期长、参与方多，与大多数项目相比，面临着许多难以预测的风险因素，因此，客观上需要项目的参与方准确识别未来的风险并及时进行投保。保险公司是分担项目风险的重要一方，它为项目中各方面临的不确定风险提供了保障。由于涉及 PPP 的风险一旦发生，将会造成巨大的经济损失，因此 PPP 项目对保险机构的财力、信用的要求很高。

8. 用户

基础设施项目的用户是社会大众，用户的付费是项目的主要收益来源。在 PPP 融资模式下，用户在项目中享受的是有偿服务，其付费方式根据项目类型的不同而有所区别。此外，在项目的运作过程中，社会大众还可以对项目的服务质量进行监督，提出对项目服务的新要求，并及时向有关部门反映，确保基础设施服务的质量。

(二) PPP 项目各参与方之间的关系

上文介绍了 PPP 项目的参与方，一般包括项目公司（项目的直接主办人），项目的直接投资者，项目所在地政府，项目贷款银行（投资银行或商业银行），项目产品的购买者或项目设施的使用者，项目的建设承包公司，项目设备、能源、原材料供应者，项目融资、法律、税务顾问。在 PPP 项目中，各参与方之间是通过各种协议合同联系在一起的，而每一种合同都是项目各参与方之间进行利益和风险分配的一种手段和机制。

三、PPP 融资模式的基本操作程序

(一) 前期分析

在 PPP 融资模式中，项目的前期分析包括项目选择和可行性研究两个部分。

1. 项目选择

确定待开发的项目是项目开发的第一步，选定的待开发项目通常是政府前期规划的尚未开发的项目或者根据实际情况的需要，政府临时确定的项目。

2. 可行性研究

与其他的项目不同，PPP 项目的可行性研究内容不仅包括对项目进行市场、技术、经济等方面的评价，还包括对项目民营化的可行性进行评估，如对民间资本的吸引力、民间资本的实力和风险承受能力等方面进行综合评价。在确认可行后，政府开始组织招标。

(二) 确定 SPC 公司

SPC 公司的选择是项目运作的重要内容，通常通过公开招标来确定。SPC 公司从发起到成功注册通常要经过招标、投标、SPC 公司初选、谈判及签约等环节。

1. 招标

PPP 项目通常通过招标确定 SPC 公司。在招标以前，政府必须制作招标文件，并提供项目的详细资料，包括项目必须达到的标准，如项目规模、履约标准、项目收入来源等。根据招标方式，PPP 招标可以分为应标模式和非应标建议模式。前者由政府发起，即政府根据需求发布招标公告，并且邀请有意向和实力雄厚的参加投标；后者不需要政府发布公告，社会资本在发现机会后，主动向公共部门提议协商签订合同 (但在这种情况下应该引入竞争程序，以在帮助公共部门找到更好的社会资本的同时避免腐败)。非应标建议模式由于赋予了社会资本更多的主动性，因此有助于通过充分发挥社会资本的创造性来弥补公共部门的不足。

2. 投标

根据政府公布的项目信息和招标文件，有意向的社会资本开始筹备成立 SPC 公司，并且由 SPC 公司成员选举领导小组，负责前期的投标工作。投标工作主要包括以下内容。

(1) 组织进行项目的可行性研究，并及时向成员通报可行性研究成果，组织成员进行表决。

（2）与银行和金融机构、咨询公司、保险公司、设计和建设单位等项目参与者就融资、咨询、保险、设计、建设等事项达成合作意向。

（3）项目可行并经成员表决通过后，开始组织编写标书并且进行投标；如未取得成员的表决通过，则项目小组解散，前期成本由成员分摊。

3. SPC 公司初选

投标完成后，政府部门对提交的投标书进行评估，评估小组的成员包括专业部门的政府官员和技术、财务、法律等方面的专家顾问。评估内容包括项目方案、投标人的经济技术实力，通过评估初步选择一个或几个条件较好的 SPC 公司作为暂定中标者。

4. 谈判及签约

初选结束后，政府同暂定的中标者进行谈判，谈判顺序通常从条件最好的暂定中标者开始，谈判的内容通常包括项目开发的时间、质量、提供服务的水平、风险分担、政府提供的支援以及其他与项目有关的权责问题。如果双方就谈判的内容达成一致，就开始签订协议。

特许权协议是 PPP 项目的基石。由于传统上的基础设施一般是由政府来负责和经营的，社会资本建设和经营基础设施在许多情况下存在法律障碍，所以政府要在这一领域实施 PPP 项目，就需要和社会资本签订特许协议，以解决合法性的问题。

（1）草签特许权协议：它是在 SPC 公司成立之前，由政府和中标的机构签订的。草签特许权协议主要是政府授权的一些原则性的规定，并没有包括特许权协议的全部内容。之后由中标者组成的联合体申请成立 SPC 公司，政府依据有关规定，批准成立 SPC 公司。

（2）正式签订特许权协议：正式签订特许权协议是在成立 SPC 公司以后的事情。签订特许权协议之后，SPC 公司还要和银行等金融机构、原材料的供应商等签订一系列合同，并提出开工报告。值得一提的是，后续的种种协议都不能与和政府部门签订的特许权协议中规定的原则相违背，否则该协议无效。

5. SPC 公司注册成立

谈判结束宣布中标结果以后，中标的 SPC 公司应该在一定时间内办理好公司成立的有关事宜，包括按照事先的约定出资、召开有关会议、制定公司章程、到工商税务部门注册、在银行开设账户等。SPC 公司正式注册以后，开始组织有关项目参与者进行项目开发。

(三) 开发运营

开发运营阶段包括项目开发和项目运营两个部分。

1. 项目开发

首先，SPC 公司与各联合单位签订正式合同，包括贷款合同、设计合同、建设合同、保险合同以及其他咨询、管理合同等；其次，SPC 公司组织各相关单位进行项目开发。在开发过程中，政府随时对项目开发状况进行监督，出现不符合合同的情况时，及时与 SPC 公司沟通，并且确定责任主体。项目的开发可以由 SPC 公司承担，也可以承包给工程承包商。

2. 项目运营

工程竣工通过项目验收以后，开发阶段结束，项目进入运营阶段。项目公司可以自行运营项目，也可以请专门的运营公司来负责运营。项目的运营和维护工作直接关系到项目的运营经济效果，要求运营商必须有丰富的经验和良好的业绩，有较强的商业和合同管理能力，且有较强的专业技术力量。大型项目特别是在我国刚刚起步的 PPP 项目，大多要聘请有经验的外国运营商承担项目的运营，经过一段时间后逐步过渡到由我国的人员来完成项目的运营和维护工作。为了确保项目的运营和维护按照规定的协议来进行，政府、投资人、贷款人、居民都有权对项目进行监督检查。

(四) 转移中止

转移中止是项目运作的最后一个阶段，包括项目移交和 SPC 公司的清算等内容。

1. 项目移交

特许经营期满后，SPC 公司要将项目的经营权（或所有权与经营权同时）移交给政府。通常情况下，项目在策划时尽量保证 SPC 公司在特许经营期内，项目的现金流量能够偿还项目债务并有一定利润，这样项目最后移交给政府一般是无偿的或者 SPC 公司象征性地得到一些补偿。在移交时，政府应该注意项目是否处于良好的状态，以保证项目的继续运营和服务质量。项目移交之后，政府需要安排项目的继续运营，可以直接交给专门机构负责PPP项目的运营工作，也可以通过招标等方式再选择新的运营商。

2. SPC公司的清算

项目移交以后，SPC公司的业务随之中止，因此应该到有关部门办理清算事务。在有些情况下，SPC公司也可以不清算（如重新对其他基础设施项目进行投标、拥有新的项目或转型经营等），但此时应该接受有关部门重新进行的资格审查以及对有关的文件进行修改等。

参考文献

[1] 林立 . 项目融资和 PPP 实务运作全程指引 [M]. 北京：中国法制出版社，2018.09.
[2] 王振坡，王丽艳 . 建设工程经济学 [M]. 重庆：重庆大学出版社，2018.09.
[3] 袁志超等 . 现代政府投资建设项目管理研究 [M]. 哈尔滨：哈尔滨工程大学出版社，2018.01.
[4] 叶征，王占锋 . 建筑工程经济 [M]. 北京：北京理工大学出版社，2018.01.
[5] 宋永发，石磊 . 工程项目投资与融资 [M]. 北京：机械工业出版社，2019.01.
[6] 刘卫星，刘颖春 . 工程经济学 [M]. 武汉：武汉大学出版社，2019.03.
[7] 鹿雁慧，冯晓丹，薛婷主 . 工程经济学 [M]. 北京：北京理工大学出版社，2019.01.
[8] 潘智敏，曹雅娴，白香鸽 . 建筑工程设计与项目管理 [M]. 长春：吉林科学技术出版社，2019.05.
[9] 王亮 . 工程经济学教程 [M]. 北京：国家开放大学出版社，2019.07.
[10] 祝连波 . 建设工程经济 [M]. 南京：东南大学出版社，2019.08.
[11] 项勇，卢立宇，徐姣姣 . 建设工程项目投资与融资 [M]. 北京：机械工业出版社，2020.09.
[12] 张同庆 . 房地产信托业务投融资实务 [M].2 版 . 北京：中国法制出版社，2020.06.
[13] 邵俊岗，肖敏 . 工程经济学 [M]. 上海：复旦大学出版社，2020.04.
[14] 杨晓冬 . 工程经济学 [M]. 北京：机械工业出版社，2021.02.
[15] 陆菊春，程鸿群，徐莉 . 工程经济学 [M].4 版 . 武汉：武汉大学出版社，2021.12.

[16] 柯丽华 . 工程经济学分析方法及应用 [M]. 北京：冶金工业出版社，2021.03.
[17] 齐景华，童雨 . 建筑企业财务管理 [M].3 版 . 北京：北京理工大学出版社，2021.02.
[18] 段世霞 . 项目投资与融资 [M].3 版 . 郑州：郑州大学出版社，2022.08.
[19] 吴有红 . 基础设施投融资政策与实务 [M]. 北京：人民日报出版社，2022.12.
[20] 曹君丽 .PPP 融资模式下运营商努力的激励路径研究 [M]. 北京：中国建筑工业出版社，2022.09.
[21] 魏济民、周礼仙 . 基础设施和房地产投融资法律实务与案例解析 [M]. 北京：中国法制出版社，2022.09.
[22] 张晓英，高志伟，杨明芬等 . 全过程工程咨询投资管控 [M]. 北京：化学工业出版社，2022.02.
[23] 黄俊鑫，李义军，周辅昆 . 市政工程规划设计与经济分析 [M]. 武汉：华中科技大学出版社，2022.12.
[24] 李曦 . 投资项目财务评价与决策 [M]. 厦门：厦门大学出版社，2022.05.
[25] 王治，郭爱军 . 工程项目投资与融资 [M]. 北京：高等教育出版社，2023.04.
[26] 王乐 . 工程项目投资与融资 [M]. 北京：机械工业出版社，2023.04.
[27] 宋永发，石磊，林婧等 . 工程项目投资与融资 [M].2 版 . 北京：机械工业出版社，2023.01.
[28] 李志纯 . 交通基础设施投融资决策理论及应用 [M]. 北京：科学出版社，2023.02.
[29] 李新颖 . 投融资决策分析 [M]. 北京：清华大学出版社，2023.04.
[30] 徐耸，彭志胜 . 绿色建筑项目投融资决策与评价 [M]. 北京：化学工业出版社，2023.06.
[31] 郑立群 . 工程项目投资与融资 [M].3 版 . 上海：复旦大学出版社，2023.06.
[32] 简迎辉 . 融资理论与方法 [M]. 北京：中国水利水电出版社，2023.07.